# DEUTSCHE IDENTITÄT

# *QUO VADIS?*

Verlag: tredition GmbH, Hamburg

ISBN

978-3-7439-0664-8 (Paperback)
978-3-7439-0665-5 (Hardcover)

978-3-7439-0666-2 (e-Book)

Printed in Germany

Dieses Buch habe ich geschrieben

*Für alle Menschen, die unter den identitären Problemen in unseren heutigen Gesellschaften leiden*

*Für meine Ehefrau, deren kluger Rat für mich ein Kompass ist*

## *Michel*

Bonn, im März 2017

Über den Autor:

Jahrgang 1949, Studium zum Wirtschaftsingenieur, Studium der Volkswirtschaft, Soziologie, Politikwissenschaft, Philosophie und Ethik, arbeitete jahrelang bei einer internationalen und einer europäischen Organisation sowie in mehreren internationalen Beratungsunternehmen. Autor von mehreren Werken, u.a. "Abenteuer Deutschland" und "Ich denke oft…. an die Rue du Docteur Gustave Rioblanc" und verschiedene Beiträge in Fachzeitschriften

# Inhaltsverzeichnis

# 1. VORWORT

Der Autor hat sich entschlossen, die Thematik der Identität genauer zu betrachten, denn dieses Thema hat ihn persönlich stark beschäftigt. Er hatte Angst, bei der Annahme der deutschen Staatsbürgerschaft einen Teil seiner französischen Identität zu verlieren. Spätestens zu diesem Zeitpunkt waren die Fragen nach der ethnischen Identität, der kulturellen Identität, einer virtuellen Identität, der kommunikativen Identität und der sozialen Identität zu klären.

Angesichts der Globalisierung ist die Notwendigkeit gegeben, sich über seine Identität im Klaren zu sein. Denn zur Zeit beobachtet man, dass aus Angst vor dem Verlust oder der wahrgenommenen Änderung der ethnischen und kulturellen Identität Teile der Bevölkerung in negativ orientierte, nationale Bewegungen getrieben werden, welche versuchen, die ethnische und kulturelle Identität als unverzichtbar für das Überleben „der Rasse" zu stigmatisieren. In diesem Buch wird keine soziologische oder psychologische Abhandlung des Themas Identität stattfinden. Dazu wurden bereits außerordentlich viele literarische Beiträge geleistet. Vielmehr wird der Autor versuchen, in einer relativ einfachen Darstellung und aus seiner Erfahrung heraus diesen Kernpunkt der Person zu beschreiben.

Angesichts der stetigen Zunahme von Anti-System-Bewegungen (im Sprachgebrauch rechtspopulistische

Systeme) müssen die etablierten demokratischen politischen Parteien und Bewegungen die Frage der nationalen Identität ernster nehmen. Diese Frage ist nicht eine Luxusfrage, sondern es trifft das Selbstverständnis eines größten Teils der Bevölkerung, die sich - sei es objektiv oder subjektiv - in ihrer nationalen Daseinsberechtigung gefährdet sehen. Die aufkommenden autokratischen politischen Bewegungen und Politiker - sei es in Ungarn, Polen oder in Holland, Belgien, Frankreich, Spanien, Italien, Türkei, Tschechien, Slowenien, Slowakei, Russland, Ukraine und auch in Deutschland - nutzen und manipulieren die Ängste von Teilen der Bevölkerung, die zwar nicht Verlierer der Globalisierung sind, jedoch Angst vor „Überfremdung" haben.

Diese Angst vor Überfremdung ist nichts Anderes als Angst vor Veränderung der eigenen Identität. Diese Angst wurde - sei es subjektiv sei es objektiv - von den politischen Parteien, den Medien und den Eliten als „lächerlich" dargestellt und sogenannte „Volkspädagogen" und „Gutmenschen" sahen sich berufen, diesen Teil der Bevölkerung als rassistisch zu denunzieren und in eine rechts-faschistoide Ecke zu stellen. Dieser Fehler der letzten 12 Jahre, der aus dem Propagieren einer multi-kulturellen Gesellschaft sowie einer falsch verstandenen Toleranz besteht, führte dazu, dass sich ein großer Teil der schweigenden Mehrheit schleichend diesen autokratischen Bewegungen zuwendete. In der heutigen Situation - d.h. März 2017 - ist die Lage und der Bestand der Demokratie sowie der Erhalt europäischer Werte und Errungenschaften (freier Verkehr) mehr denn je gefährdet. Das Verhalten unserer Medien gegenüber dieser ständig wachsenden Minderheit ist nicht angemessen. Das Beschimpfen und Lächerlich machen der Person Trump als Präsident der USA ist dumm und kurzfristig, denn immerhin haben 40% der amerikanischen Bevölkerung ihn gewählt. (dies sind 140 Mio. Amerikaner). Und wenn der Front National in Frankreich eine feste Größe von 8 Mio. von 35 Mio. Wählern hat, in Deutschland die AFD - selbst wenn sie nur 10% der Wähler erringt - bei 45 Mio. immerhin 4,5 Mio. Wähler hinter sich bringt und selbst wenn diese Zahlen grobe Schätzungen darstellen, wird deutlich, dass die Frage der nationalen Identität für die heutigen Völker in einer globalisierten Welt eine Daseinsfrage darstellt.

Der Autor bezweckt mit den folgenden Ausführungen nicht, eine Berechtigung für den nationalen Staat alter Prägung abzuleiten, sondern er versucht vielmehr das Verständnis dafür zu wecken, dass endlich die zielorientierte Diskussion über Migration und die Identität den nötigen Raum erhält.

Der Autor beansprucht mit den folgenden Ausführungen keine Vollständigkeit in der Behandlung dieser Thematik und beschränkt sich auf die aus seiner Sicht wesentlichen Punkte.

Dieses Buch kam durch die wichtige Mithilfe meiner Ehefrau zustande.

# 2.    IDENTITÄT ?

Die Identität eines Menschen hat mindestens mehrere Facetten. Die erste Facette ist die Herkunft. „Sag mir, woher du kommst und ich sage dir, wer du bist." In dieser Frage beschäftigt man sich mit den sozialen, den ethnischen und sogar den kulturellen Gesichtspunkten.

Wenn man reist, dann muss man sich im Ausland über einen Pass ausweisen. So können die Grenzbeamten die einzelnen Personen einer geographisch bestimmten Gegend zuordnen, sie können eine gewisse Sprache zuordnen, sie können eine gewisse Kultur zuordnen, die können eine bestimmte Religion zuordnen.

## 2.1    DIE GEOGRAPHISCHE ZUORDNUNG

Sie bestimmt, dass der Einzelne gewisse physische Merkmale aufweist (ein Schwede sieht anders aus als ein Schwarzafrikaner). Diese Kriterien dienen oftmals den Verfechtern der „Rassentheorie" und sind äußerst gefährlich. Die geographische Zuordnung bedingt jedoch Sprache, Erziehung, Kultur und manchmal auch Religion. Ein zusätzliches Merkmal bei der geographischen Zuordnung ist die historische Entwicklung des Ortes, sowie ihre Zuordnung und Weitergabe an die jeweils nachfolgende Generation. In diesem Zusammenhang ist das Wort „Volk" angebracht, auch wenn durch den Nationalsozialismus dieser Begriff in Misskredit gebracht worden ist. Der Misskredit ist jedoch dadurch bedingt, dass man verschiedenen Völkern Attribute zugeordnet hat sowie vergleichend eine Pseudowertigkeit des jeweiligen Volkes abgeleitet hat. Konkret war hier anschließend von der „Überrasse" (nichts Anderes als von einem „Über Volk") die Rede, die alle Rechte der Welt innehätte und die sich alle anderen Völker („Rassen") unterordnete. Ein ähnliches Verfahren ist im Alten Testament verankert. Hier wird das jüdische Volk als das von Gott „auserwählte Volk" angesehen, womit es ihm am nächsten ist. Es mag sein, dass diese Bedeutung nicht von der Bibel, bzw. im Grundsatz des jüdischen Glaubens gewollt ist, viele Mitglieder der jüdischen Gemeinde und Nicht-Mitglieder der jüdischen Gemeinde glauben dies jedoch. Die Perser tendieren zu einer ähnlichen Festlegung ihres Volkes, insbesondere gegenüber Völkern der arabischen Halbinsel. Ein ähnliches Phänomen ist auch in Indien erkennbar, genauer lokalisiert im indischen Teil Kaschmirs, zwischen Pakistanis und Indern. Ein analoges Phänomen besteht in China zwischen den Moslems und den Kommunisten. Auch in Afrika sind diese Phänomene erkennbar: Insbesondere in der Elfenbeinküste zwischen Christen und Moslems, in Äthiopien zwischen Christen und muslimischen Eritreern. Parallel dazu existieren so genannte Supra-Identitäten. Eine der größten Supra-Identitäten ist die russische Identität. Hier existieren vom „Weißen Mann" bis zu Menschen mit asiatischem Äußeren verschiedene Völker mit verschiedensten Menschen. Eine weitere Supra-Nationalität findet sich in den USA. Hier leben ursprünglich indianische, ursprünglich Schwarze und Einwanderer. Eine weitere „Supra-Nationalität" findet sich in Europa. Hier haben die Völker häufig einen christlichen oder jüdischen Glauben, gemeinsame „Werte" gebunden an die geographische Lage Europas, es existieren ähnlich gelagerte Kulturen, die ebenfalls an den Standort Europa gebunden sind (seien es Schriftsteller, Philosophen Soziologen, Maler, Musiker oder andere Künstler). Auch diese supra-nationale Identität wird durch ihre geographische Lage bestimmt, durch eine ähnlich gelagerte Geschichte, verbunden mit Siegen und Niederlagen in der Geschichte und „Denkerziehung" bzw. „Denkrichtung". Auch diese supra-nationalen Identitäten lassen sich äußerst ungern von ihrer geographischen Herkunft abbringen. Als Beispiel dient hier der Versuch Stalins, den Krim-Tataren durch Umsiedlung ihren geographischen Bezugspunkt zu nehmen und ihn zu zerstören. Als weiteres Beispiel kann der Versuch von Atatürk gelten, bei der armenischen Bevölkerung in der Türkei durch Umsiedlung und durch Zwangsmissionierung wesentliche Merkmale der Identität zu löschen. Dies scheiterte trotz eines hier durchgeführten „Völkermords". Betrachtet man all diese Punkte, so muss man mit einer gewissen kritischen Distanz vermerken, dass die geographische Zuordnung ein wesentliches Merkmal der Identität darstellt und damit eine sogenannte „völkische" Identität abgeleitet werden kann.

## 2.2 SPRACHE, KULTUR UND RELIGION

Hier wird mit der Sprache auch eine indirekte Zuordnung zur geographischen Herkunft hergestellt. Diese Zuordnung ist eine Grundlage, um die kulturelle Identität zu bestimmen, denn Sprache ist die Basis einer kulturellen Identität, die die Kindheit des Menschen bestimmt und damit die Grundlage seines Verhaltens steuert. Mit Sprache und Kultur wird die Zusammengehörigkeit zu einer ethnischen Gruppe transportiert, die wiederum eine geographische Zuordnung besitzt. Mit dem Erlernen von Sprache und Kultur wird die dazu gehörige Entwicklungsgeschichte vermittelt. Die Entwicklungsgeschichte ist nichts anderes als das Erlebte der Vorfahren. Dies verstärkt wiederum das Gefühl der Zusammengehörigkeit der Gruppe. Die Vergangenheit der Vorfahren kann die Identität insoweit beeinflussen, als dass eine negative Vergangenheit der Vorfahren durchaus eine so genannte „unglückliche Identität" produziert. Mit Sprache und Kultur geht auch die religiöse Identität einher. Diese wird durch die Glaubenszugehörigkeit zu einer Religion bestimmt und kann weiterhin konfessionell bestimmt werden, was wiederum eine weitere Unterscheidung der Identität zur Folge hat (orthodoxe, katholische, evangelische und urchristliche beim Christentum oder Schiiten und Sunniten beim Islam). Im Bereich der Einwanderung und Integration von Völkern in fremde Kulturen und Sprachen wurden diese grundlegenden Elemente regelmäßig entweder vernachlässigt oder verleugnet. Dies hat wiederum zum

Ergebnis, dass die meisten Integrationsbemühungen weltweit gescheitert sind.

Laut der Mehrheit der weltbekannten Psychologen und Kinderpsychologen stellt das Erlernen der „Muttersprache" eine erste Grundlage im „Ich-Bewusstsein" dar. Kinder zwischen drei und fünf Jahren lernen die Unterscheidung zwischen der eigenen Person und der Außenwelt. Selbst jüngere Kinder und Babys, die sieben bis acht Monate alt sind, können Mutter und Vater erkennen und es entstehen Bindungen zu anderen Personen. Diese Bindung stellt sicher, dass die Mutter mit ihrer Sprache, also der Muttersprache, dem Kind Grundlagen des Denkens und der Sprache vermittelt. Mit der Übermittlung der Sprache entsteht die Grundlage für ein Merkmal der Identität, denn würde man mit dem Kind über die gleiche Sache in einer anderen Sprache sprechen, würde das Kind sie nicht erkennen. Mit dem Erzählen von Gute-Nacht-Geschichten, der Betreuung und der Einbindung des Kindes in eine Kita oder einen Hort lernt das Kind zwischen der eigenen Person und der Außenwelt zu unterscheiden. Mit dem Besuch der Grundschule und der Einteilung in Klassen lernt das Kind die Zugehörigkeit zu einer Gemeinschaft. Das Erlernen der Zugehörigkeit zu einer Gemeinschaft, so klein sie auch sei, ist eine weitere Basis für die Entwicklung und Festigung der Identität. Mit dem Erlernen der Religion, sei es durch die Mutter oder den Vater oder durch den vertrauten Religionsvertreter, kommt ein weiterer Identitätsbaustein hinzu. Damit ist **meistens** eine lebenslange Zugehörigkeit verbunden. Das Besuchen von Kirchen oder das Erleben von religiösen Zeremonien, festigen weiter die Facette der Religion zu einer wesentlichen Komponente der Identität.

Zusammenzufassen ist, dass das Kleinkind zuerst gelernt hat, zwischen seiner Person und seiner Mutter zu unterscheiden und damit das Ich von der Außenwelt abzugrenzen. Es hat zu Beginn seines Lebens eine Sprache gelernt und damit eine Grundlage des Denkens aufgebaut, denn man lernt durch Wörter. Durch die Erziehungswege, seien es Märchenerzählung, die Nacherzählung der Geschichte oder die Schulausbildung, lernt ein Kind, dass es einer Gemeinschaft angehört. Damit lernt das Kind zwischen seiner Person und der Außenwelt zu unterscheiden, die Zugehörigkeit in einer Klasse in Bezug auf alle Kinder der Schule auszumachen und zum Schluss zwischen seiner Religion und fremden Religionen zu unterscheiden. Diese drei Komponenten sind nicht zu vernachlässigen, wenn man die Integration fremder Völker vorsieht.

## 2.3 VIRTUELLE IDENTITÄT

Viele Psychologen und Soziologen sehen in der virtuellen Identität eine Unterscheidung zwischen dem realen Ich und der virtuellen Welt, die durch moderne, teilweise fiktive Welten beeinflusst wird oder zumindest die Beeinflussung anstrebt. Mit der virtuellen Identität können ernsthafte Probleme für die reale Identität entstehen, denn die virtuelle Identität kann viele falsche Informationen (sog.

„Fakes") suggerieren, die zum Ergebnis haben, dass ein Teil der realen Identität verloren gehen kann. Konkret bedeutet dies: Facebook kann jemanden beeinflussen, indem es durch falsche Informationen suggeriert, die Zugehörigkeit zu einer virtuellen Gemeinschaft mit anderen Personen aufzubauen. Die virtuelle Zugehörigkeit zu anderen Personen wird aber in bestimmten Fällen nur vorgegaukelt. Dies kann für die Weiterentwicklung der Gesellschaft und politische Entscheidungen, sei es nur bei den Wahlen, von entscheidender Bedeutung sein.

## 2.4 „SAG MIR WO DU HINGEHST UND ICH SAGE DIR, WER DU WIRST."

Hier geht es um die Relation zwischen Identität und Partnerschaften und die Zuwendung zu fremder Kultur. Bei der Identitätsbildung wurden das Kind und der Heranwachsende sehr stark beeinflusst durch Geburtsort, Sprache, Eltern und Umgebung, welche auch die Schule umfasst. Das heißt, das Ich hat gewisse Facetten, die grundsätzlich von diesem Umfeld gesteuert werden. Bei der Hinwendung zu einem Partner werden gewisse Elemente dieser jeweils einzigartigen Identität so verändert, dass zwischen den beiden Partnern eine bestimmte Homogenität (eine Schnittmenge der gesprochenen Sprache, Religion, Werte, Ausbildung) das Ergebnis ist.

## 2.5 DAS VERHÄLTNIS ZWISCHEN IDENTITÄT UND ZIEL (WOHIN WILL ICH?)

Dieses Verhältnis kennzeichnet sich dadurch aus, dass sich in Zeiten der Globalisierung Bevölkerungsbewegungen großen Ausmaßes vollziehen. Sei es durch politische oder wirtschaftliche Krisen hervorgerufen. Damit beginnt der Zwang neben seiner gefestigten Identität eine neue Identität anzunehmen oder mehrere Identitäten parallel zu besitzen. Dies zeigt sich an verschiedenen Beispielen in der Geschichte. Spätestens mit dem Bewusstsein über die Notwendigkeit, eine fremde Identität (nicht nur Staatsangehörigkeit) anzunehmen, stellt sich die Angst ein, welche Teile der Ur-Identität verloren werden. Warum muss ich überhaupt meine Ur-Identität verleugnen? Werde ich aus meiner ursprünglichen Gemeinschaft ausgestoßen? Bin ich überhaupt bereit und willens die zugehörige, fremde Sprache anzunehmen? Bin ich bereit eine möglicherweise fremde Religion anzunehmen? Bin ich bereit ein Zusammengehörigkeitsgefühl zu der neuen Gemeinschaft zu entwickeln? Wird die zukünftige Gemeinschaft mich als einen der Ihren annehmen? Welchen Preis bin ich für diesen Prozess bereit zu bezahlen? Diese Fragen bestimmen die Annahme oder die Teilannahme oder Ablehnung neuer Identitäten. Die Tatsache, dass man einen neuen Pass oder eine neue Staatsbürgerschaft annimmt, bedingt nicht automatisch, dass man die damit verbundene Identität angenommen hat. Das Erlernen der fremden Sprache heißt noch lange nicht, dass man diese auch angenommen hat. Bei der Annahme einer fremden Religion ist der Prozess viel komplexer und langwieriger und hängt kaum von einer einzelnen Person ab. Ein weiteres Problem entsteht dadurch, dass diejenigen, die mehrere haben oder anstreben ihre Loyalität zuordnen müssen. Zusätzlich zu der jeweiligen Selbstbestimmung der Identität entsteht das Problem, dass im Umkehrschluss die Glaubwürdigkeit der Loyalität gegenüber der ausgewählten Gemeinschaft angenommen wird.

## 2.6 DAS VERHÄLTNIS ZWISCHEN IDENTITÄT UND SOZIALEN BEZIEHUNGEN

Eine weitere Facette der Identität besteht darin, dass sehr viele Bevölkerungsteile sich über ihre soziale Stellung und ihre Arbeit definieren. „Ich arbeite, also bin ich" Diese Facette kann sehr oft zu Problemen führen (im psychischen Sinne), beispielsweise wenn herausragende Persönlichkeiten plötzlich beruflichen Niedergang erleben. Sprache, Erziehung und Kultur, prägende Merkmale einer Identität, treten in diesem Fall in den Hintergrund und das Gefühl einer „Wertlosigkeit" schleicht sich bei demjenigen ein. In den heutigen Gesellschaften, in denen sich sehr viele Personen durch ihren sozialen Status definieren und in denen der größte Teil der Identität nicht aus der Herkunft heraus entsteht, bildet der Gesichtspunkt des sozialen Status eine maßgebliche Säule ihrer Identität. Daher wird der Verlust des sozialen Status mit einer gefühlten Minderung der Identität verbunden.

Ein großer Anteil der von diesem Phänomen betroffenen Personen versucht diesem gefühlten Niedergang zu entgehen, indem sie das Chamäleon-Prinzip anwenden. Das heißt, sie verstellen sich bis zur Selbstverleugnung und passen sich an die fiktive Anforderung an, eine neue Pseudo-Identität zu entwickeln. Das Ergebnis dieses Prozesses ist eine Angleichung der Identitäten verschiedener Personen und ist häufig damit verbunden, dass die Ich-Unterscheidungen zu Gunsten eines Norm-Standards eliminiert werden. Dadurch entgeht dem Unternehmen oder der Gesellschaft die Fähigkeit sich weiterzuentwickeln.

## 2.7    SOZIALE IDENTITÄT

Diese Facette der Identität spielt eine wesentliche Rolle, um die Einordnung des Einzelnen in die Gesellschaftsstufen zu erreichen. Hier spielt die soziale Herkunft der Eltern sehr oft eine maßgebende Rolle. Sind in einer Gesellschaft die jeweiligen sozialen Stufen nicht durchlässig, so spielt die soziale Identität beim Einzelnen eine größere Rolle. Dies gilt insbesondere, wenn die Eltern einer Person aus einer „niedrigen" sozialen Ebene kommen und sie durch Arbeit oder sonstige Leistungen in eine höhere soziale Stufe aufgestiegen sind. Sehr oft werden diese Personen als „Emporkömmlinge" angesehen, das heißt sie werden nicht oder weniger als Zugehörige der entsprechend hohen Stufe angesehen. In der Vergangenheit und teilweise auch noch heute gilt das besonders, wenn der Aufstieg von einer niedrigen zu einer höheren sozialen Stufe durch eine Heirat ermöglicht wird. Dies wird den Aufsteigenden nie „verziehen". Dies gilt insbesondere, wenn der-/diejenige nicht das gewünschte und erwartete Verhalten an den Tag legt.


## 2.8 HISTORISCHE UND TRADIONELLE GESICHTSPUNKTE DER IDENTITÄT

Hier geht es um Gesichtspunkte der Identität hinsichtlich der historischen Höhen und Tiefen des Herkunftslandes und insbesondere die historische Verarbeitung und Darstellung und Weitergabe an die Kinder. Es kann durchaus sein, dass manche geschichtlichen Höhepunkte des Landes aus opportunistischen Gründen (Lehrmaterial usw.) nicht die angemessene Stellung in der Ausbildung erhalten. Es kann aber auch sein, dass z.B. verlorene Kriege und deren Begründung und Ursachen schlichtweg verschwiegen oder verfälscht dargestellt werden. So wurde z.B. der echte Grund für die Niederlage im 1. Weltkrieg und das Versagen der deutschen Generalität schlichtweg verfälscht (Hindenburg wurde als Kriegsheld dargestellt, obwohl er objektiv strategische Fehler zu verantworten hatte). Ein ähnliches Phänomen ist die Bewertung der Weimarer Republik in der Geschichte Deutschlands oder das Bewusstsein des größten Teils der deutschen Bevölkerung, die davon überzeugt ist, dass allein die Weimarer Republik

Schuld am Aufkommen des Nazi-Regimes ist. Das gleiche gilt übrigens für alle Länder der Welt. Daher kann es sein, dass manche historischen Facetten der Identität mit zunehmendem Wissen nicht mehr tragfähig sind.

Die Traditionen spielen eine wesentliche Rolle für die Identität eines Menschen, denn das kleine Kind erhält von seiner Mutter zuerst und dann von seinem Vater Verhaltensweisen, die eindeutig sich auf die Tradition des Ortes und des Landes begründen und sich darauf berufen. Diese Traditionen, die sich von den Lebensweisen und Erkenntnissen und Ansichten unserer Vorfahren ableiten, spielen eine wesentliche Rolle bei der Bildung der Grundidentität. Das kann der Mensch in dieser Phase nicht selbst bestimmen. Es wird ihm mehr oder weniger durch die Erziehung aufoktroyiert. Diese Tatsache bildet eine Grundlage bei der Ur-Identität, die im Lauf eines Lebens sich nur in geringem Maße verändert. Erstaunlicherweise kommen diese Bezüge im Alter in verstärktem Maße zum Tragen.

Eine moralische Bewertung der Traditionen in Guten und Schlechte kann nach Meinung des Autors nicht zielführend sein, sondern muss von jedem Beobachter akzeptiert werden.

## 2.9    PARTNERSCHAFT UND IDENTITÄT

Ein weiterer Gesichtspunkt der Identität entsteht beim Eingehen einer Person in eine Beziehung. Folgende Fragen stellen sich: was passiert mit meiner Identität? Hat mein zukünftiger Partner eine ähnliche Identität? Wie groß sind die Unterschiede zwischen den Identitäten der Partner? Wie verändert sich die Identität im Laufe der Partnerschaft? Akzeptiere ich diese Veränderung?

Es ist häufig zu beobachten, dass sich die weibliche Identität der männlichen Identität anpasst. Diese Beobachtung kann Widerspruch hervorrufen, kann jedoch an folgenden Kriterien festgestellt werden.

- In den meisten Kulturen nimmt die Frau den Namen des Mannes an, der Name ist ein wesentliches Identitätsmerkmal.
- Die Frau zieht örtlich zum Mann hin, d.h. ihr Lebenszentrum wird verlagert.
- Die Frau nimmt sehr oft die Religion des Mannes an, wenn diese unterschiedlich sind.
- Bei unterschiedlichen Kulturen nimmt die Frau sehr oft einen Teil der Kultur des Mannes an.

Es ist jedoch zu vermerken, dass in der heutigen Gesellschaft sehr häufig Krisen in der Partnerschaft auftreten und dabei spielt der identitäre Gesichtspunkt eine wesentliche Rolle. Die Anpassungsfähigkeit einer der Partner, insbesondere der Frau, stellt nichts Anderes dar als die Fähigkeit ein Chamäleon zu sein, d.h. nichts Anderes als eine Pseudo Flexibilität, die eine Identität nach Außen darstellt ohne jedoch auf ihre Ur-Identität zu verzichten. Diese inneren Kämpfe bringen auf Dauer Spannungen nach Außen und können jeder Partnerschaft gefährlich werden.

Bei der Partnerschaft können Ur-Identitäten im Alter sehr stark überhandnehmen, sodass Spannungen in der Beziehung entstehen können. Identitäten die sich als Chamäleon manifestieren bedeuten lediglich eine Pseudo-Anpassung an das Umfeld, die nur auf Zeit beschränkt ist.


## 2.10 ALTER UND IDENTITÄT

Vorbemerkung:

Die Identität eines Menschen kann und wird sich im Laufe seines Lebens verändern, sei es in der Rolle eines Chamäleons, d.h. gezwungenermaßen die Ur-Identität an das Lebensumfeld anzupassen, sei es im sozialen Umfeld, im beruflichen Umfeld, sei es im Umfeld des Standorts (Aufenthaltsorts), sei es in der Partnerschaft, sei es aus Erkenntnis, aus Erfahrung, durch Aus- und Weiterbildung, sei es aus sozialem Auf- oder Abstieg. Deswegen ist es wichtig die Facetten der Identität im Lauf des Lebens eines Menschen zu beobachten.


### 2.10.1 IDENTITÄT IM ALTER

Im Alter rückblickend wird jeder Mensch feststellen, dass er seine Identität und die Wahrnehmung seiner Identität in verschiedenen Lebensabschnitten verändert hat. Im schlimmsten Fall kann es sein, dass eine Verleugnung der Ur-Identität festzustellen ist. Geschichtlich muss man feststellen, dass in der jüdischen Geschichte im Mittelalter und teilweise im 19. Jahrhundert und unter dem Nazi-Regime viele deutsche Juden ihre Ur-Identität verleugnet haben. Eine ähnliche Entwicklung war Ziel der französischen Integration mit der Forderung der Assimilation von Nord-Afrikanern und Schwarz-Afrikanern. Alle diese Versuche scheitern jedoch, denn ab einem gewissen Alter nimmt die Ur-Identität wieder eine wichtigere Rolle ein. Der Mensch kann gegen diese „Wiedergeburt" der verdrängten Identität nichts machen. Die Zugehörigkeit des Menschen zu einer sozialen Gruppe spielt wiederum im Alter eine außerordentliche Rolle. Da diese Ur-Identität dem Kind von seinem Umfeld aufoktroyiert wurde und „bis zu seinen Genen" durchgedrungen ist, so ist das „Wiederauferstehen" der Ur-Identität die logische Folge.

Es ist bemerkenswert zu beobachten, dass ein großer Teil der deutschen „Aussiedler / Heimatvertriebenen" und sonstigen Vertriebenen in ihrem Alter sich nach sogenannten Heimatgefühlen sehnt und vergessene Traditionen wiederaufleben lässt. Viele Merkmale der Ur-Identität, sei es im Glauben, in den Traditionen, in der Sprache, werden von den Großeltern an die nachfolgenden Generationen weitergegeben. Dies ist nichts anderes als eine Rückkehr der älteren Generationen zu ihrer Ur-Identität.

## 2.10.2 IDENTITÄTSPROBLEME IN MITTLEREN JAHREN

Allgemein wird davon gesprochen, dass im mittleren Alter, d.h. zwischen 40 und 50 Jahren sehr häufig eine Lebenskrise durchgestanden werden muss. Bei genauer Beobachtung geht es schlicht und einfach darum, dass das verdrängte Bewusstsein über die Identität und ihre Probleme ans Licht kommen. Das heißt nichts Anderes, als dass manche „Anpassungen" der Ur-Identität an das Umfeld, Ausbildung, sozialer Aufstieg, Erfolg im Beruf, die Partnerschaft mit einem erheblichen Preis verbunden waren. Daher könnte eine mögliche Erklärung für die Midlife-Crisis in der Erkenntnis besteht, dass der Preis zu hoch war. Werte und vor allem angenommene neue Werte scheinen nicht mehr die Wichtigkeit zu haben. Die Frage nach dem Sinn des Lebens, des Umfelds, der Partnerschaft wird gestellt und sehr oft ist die Antwort darauf negativ. Diese sogenannte Lebenskrise oder Identitätskrise kann sehr oft psychosomatische und psychische Krisen zur Folge haben. Es ist daher wichtig in diesem Lebensabschnitt eine Rückbesinnung auf seine Ur-Identität zu nehmen, auch wenn dies einen wirtschaftlichen oder sozialen hohen Preis hat.

## 2.11  GESCHLECHT ALS IDENTITÄTSKRITERIUM

Eva Jaeggi betrachtet die Identität der Frauen als verwirrend, denn folgende Gesichtspunkte sind prägend

- Die Identität der Frau wird bestimmt durch die jeweilige Kultur: Betrachtet man die Identität der Frau in moslemischen oder in nordischen Ländern oder in China oder im westlichen Teil Russlands, oder in Afrika oder in Südamerika, oder in Mittelamerika, in Nordamerika, so muss man feststellen, dass die Ur-Identitäten der Frau zum Teil grundverschieden sind. Denn Sprache, Traditionen, Auslegung der Religionen, soziales Umfeld, Ausbildung und Weiterbildung, Auslegung von Werten sind grundverschieden. In diesen unterschiedlichen Gesellschaften reicht die Bandbreite von matriarchalischen Gesellschaften bis zu patriarchalischen Gesellschaften. Damit verbunden ist, dass die Erziehung und die Indoktrinierung der Ur-Identität grundverschieden sind.
- Die Feststellung, dass Frau nicht Frau ist: Dies kann bestimmt werden durch gewisse biologische Merkmale und durch die alte Frage: Natur versus Kultur. Und damit die Frage, wie die Frauen in ihrer Familie und in ihrem sozialen Umfeld erzogen worden sind und ob sie nicht durch biologische Faktoren bestimmt werden.
- Bedeutung des Körpers für die Frau: Frauen verkörpern Schönheit und sexuelle Attraktivität. Das wird kleinen Mädchen von Kind an indoktriniert. So bilden sich Pseudo-Phantasien über den Körper. Das beeinflusst das

Verhältnis der Frau zu sich selbst und zu ihrem Körper. Daher kann die Identität der Frau durchaus in hohem Maß durch den Körper bestimmt sein. Im Übrigen wurde dies in allen Zeiten und Kulturen beschrieben und prägt frühere und heutige Gesellschaften. Damit verbunden ist, dass kleine Mädchen und Frauen von Anfang an darauf getrimmt werden, Attraktivität und Schönheit aktiv zu fördern. Problematisch kommt hinzu, dass Mädchen und Frauen darauf getrimmt werden, dass Schönheit und Attraktivität nur in relativ jungen Jahren mit relativ wenig Aufwand zu erzielen sind. Die Angst nicht mehr schön und attraktiv (als sexuelles Objekt der Begierde des Mannes) zu sein, treiben die Frauen oft zu unverantwortlichen Handlungen.

- Graues Mäuschen oder starke Persönlichkeit: Hier ist zu verstehen, dass häufig in sozialen, beruflichen und politischen Gruppen manche Frauen als unscheinbar wirken, weder sich durch physische Attraktivität noch durch besonderen Geist oder Persönlichkeit auszeichnen. Das sind die eher Unscheinbaren, die weder positiv noch negativ die sozialen Gruppen mitbestimmen oder ändern oder führen. Diese identitäre Erscheinungsform kann jedoch trügen, denn häufig verbirgt sich dahinter eiskalte Berechnung zur Erlangung der Macht in der Gruppe oder einer politischen Partei. Ein Beispiel dafür ist der Werdegang der Angela Merkel in der Regierung Kohl. Sie war einfach da, ist nicht durch besondere Arbeit oder

Attraktivität hervorgetreten, hat in dieser Zeit aber Netze aufgebaut.

Anders sieht es aus bei attraktiven Frauen mit nach Außen getragenen starken Persönlichkeiten. Dies ist der Fall bei Hillary Clinton, Ségolène Royale. Diese Art von Frauen bestimmen in ihrem Umfeld, ohne jedoch sich als Feministin zu präsentieren. Es kann durchaus möglich sein, dass manche dieser Frauen durch Sanftheit ihr Umfeld bestimmen (dies ist der Fall bei Ségolène Royal).

Es gibt aber auch Frauen, die über ihre Persönlichkeitsstruktur, Erfahrung und Lebensleistung in ihrem Umfeld überzeugen, wenn nicht beherrschen. Hierzu zählen Frauen wie Margarete Thatcher, Golda Meir, Indira Gandhi, Hildegard Hamm-Brücher. Solche Frauen stellen allein durch ihren Weitblick, Toleranz und ethische Grundsätze einen unausgesprochenen Führungsanspruch, den sie ohne Intrigen, Machtkämpfe erlangen.

- Die Rolle der Sexualität bei der Frau: Die Sexualität spielt bei der Identität der Frau eine Hauptrolle. In der Vergangenheit wurde diese Facette der Identität von der Männerwelt verneint und abgelehnt. D.h. das Selbstbewusstsein der Frauen bei der Sexualität hat manchen Frauen den Ruf einer „Hexe" beschert. Dieser Gesichtspunkt wurde insbesondere durch alle monotheistischen Religionen bekämpft und die Frauen damit unterdrückt. Die Frauen wurden lediglich als

„Geburtsmaschine" angesehen und de facto als Dienerinnen der sexuellen Wünsche der Männer. Das Bewusstsein über die sexuelle Emanzipation wurde bis auf wenige Ausnahmen in den 60er Jahren des letzten Jahrhunderts entwickelt. Selbst heute ist in den meisten Ländern der Welt die Frau nichts anderes als eine Geburtsmaschine, dies gilt besonders für die moslemische Welt und einen Teil der unterentwickelten Länder. Die Frauen werden noch heute, sei es in der Werbung sei es in der „Sex-Industrie", als Objekte dargestellt und nicht als Persönlichkeiten. Und daher werden den Frauen in den zuletzt genannten Bereichen alleinstehende identitäre Merkmale abgesprochen. Sexuell anders orientierte Frauen (die Lesbischen usw.) haben sich bis auf Ausnahmen erst in den 70er Jahren des letzten Jahrhunderts in der Öffentlichkeit durchgesetzt. Allein das Selbstbestimmungsrecht der Frau über ihren Körper ist bis heute in den meisten Ländern der Welt strittig.

- Die Rolle der Frauen und der Männer: Durch mehrere Untersuchungen wurde festgestellt, dass die Geschlechtsunterschiede selbst im Kindesalter zwischen Knaben und Mädchen stark differenzieren. Laut Eva Jaeegi „Mädchen lieben intime Spiele, sie bevorzugen Geheimnisse. Knaben lieben dagegen wilde Spiele, und das hierarchische Denken bestimmt ihre Spiele. Für Knaben steht auch beim Spielen die Frage „wer ist der Beste" im Vordergrund".

Die Intimität der Gefühle, die aus dem Inneren stammen, bilden die Basis weiblicher Gedanken. Für die Männer ist eher das Erreichen eines Ziels das Wesentliche, ohne Rücksicht auf die die Gefühle. Eine weitere erstaunliche Erkenntnis ist wie häufig Mädchen Männer auswählen, die eine gewisse Ähnlichkeit mit ihren Vätern haben. Oder das schwierige Verhältnis von Müttern und Söhnen. Indem die Mütter stets Ehefrauen und Lebensgefährtinnen als Hauptrivalen in der Gunst des Sohnes sehen. Dazu kommt, dass Mütter einen äußerst schwierigen Entwöhnungsprozess durchmachen, wenn die Söhne flügge werden und vor Allem wenn sie aus dem Elternhaus ausziehen.

Diese Gesichtspunkte der Identität bei Frauen werden sehr oft von der Gesellschaft vernachlässigt. Dies kann nach Meinung verschiedener französischer Soziologen einer der Gründe für das Scheitern der Beziehungen von Jungen und Mädchen sein.

- Durchsetzung vs. Aggression: Betrachtet man die Durchsetzungsfähigkeit von Männern und Frauen, so muss man feststellen, dass Frauen sich sehr oft in der langfristigen Betrachtung mehr durchsetzen als Männer. Männer suchen sehr oft durch aggressives Verhalten oder sogenanntes strategisches Verhalten in kurzer Zeit ihre Ziele zu erreichen, oder anders, sich sehr schnell durchzusetzen. Für viele Männer ist der Prozess der Durchsetzung stets ein Zeichen des Erfolges (hier spielt der Jagdtrieb des Mannes eine wesentliche Rolle).

Demgegenüber waren die Frauen für das Heim und die Erziehung der Kinder verantwortlich. Dies bedurfte immer längerer Zeiträume. Daher sind Frauen nicht immer auf kurzfristige Erfolgserzielung ausgerichtet, sondern sind geduldiger um ihre Ziele zu erreichen.

- Die Rolle der Frau bei der Mutterschaft ändert sich grundsätzlich. Während sie als Mädchen versucht, Vater und Familie in ihren Bann zu ziehen oder als junge Frau ihren ausgewählten Lebenspartner mehr oder weniger nach ihren eigenen Bedürfnissen auszuwählen, wählt sie dagegen in ihrer Mutterschaft in eine aufopfernde Rolle. Ihre Person, ihre Schönheit, ihr Stolz, ihre Ausbildung und ihre Fähigkeiten werden auf das alleinige Wohl ihres Kindes ausgerichtet. Dies ist bei vielen Männern nicht der Fall. Betrachtet man zusätzlich kulturelle Merkmale wie Religion und Herkunft (wie beim Islam, Arabern, Chinesen, Indern), so wird man entdecken, dass das Verhalten der Männer bei der Erziehung der Kinder eher zweitrangig ist. Dagegen ist weltweit das Verhalten der Frauen durch die identitären Merkmale der Mutter bestimmt. Eine Mutter in Japan verhält sich nicht viel anders als eine Mutter in Arabien oder in Afrika oder in Nordeuropa.

## 2.12 WER BIN ICH?

Der Autor sah sich mit dieser Frage - sei es in seiner eigenen Person oder in seinem Umfeld - oft konfrontiert. Erstaunlicherweise kam diese Frage häufig nach sogenannten Lebenskrisen oder in der Midlife-Crisis. Der Mensch hat in diesem Alter häufig seine Ziele erreicht, sei es beruflich, sei es sozial, sei es familiär. Das Älterwerden ist nicht weit und damit verbunden das Lebensende. Es kommt dann die Frage: War das alles? Warum bin ich geboren? Was habe ich im Leben versäumt? Fragen nach dem Sinn des Lebens werden gestellt, Fragen nach dem Sinn der Religionen, Fragen nach dem Sinn der materiellen Umgebungen, Fragen nach der Gesellschaft, in der man lebt. In dieser Phase einer empfundenen oder tatsächlich vorhandenen Orientierungslosigkeit wird sehr oft die Frage über den Sinn des Lebens gestellt. Oder anders: Wer bin ich?

Man muss jedoch bemerken, dass diese Frage sehr oft in sogenannten entwickelten Gesellschaften aufkommt, die mit einer christlich-jüdischen Tradition behaftet sind. Bei den Moslems, indischen Religionen, afrikanischen Religionen wird diese Frage gar nicht gestellt, denn von Kind an und als Teil der Ur-Identität wird dem Menschen beigebracht, dass sein Leben vorbestimmt ist. Das heißt sein gesamtes Leben und sein Tod liegt in den Händen von einem oder mehreren Göttern. Daher ist die Einflussmöglichkeit des Menschen in dieser Hinsicht äußerst gering, wenn nicht unmöglich. Daher kommt eine

Orientierungslosigkeit nicht in Frage. Religionsprediger dieser Religionen wirken mit aller Macht als Beeinflusser, damit solche Probleme überhaupt nicht auftreten.

Erstaunlicherweise geben die heutige Gesellschaft und die Auslegungen der christlich-jüdischen Religionen nur äußerst wenig, wenn nicht unbrauchbare Hilfen in diesen Krisen. Die Hilfestellung haben in den sogenannten modernen Gesellschaften Psychologen, Psychoanalytiker und Psychiater übernommen. Betrachtet man kritisch den Erfolg deren Arbeit, so ist die Erfolgsquote relativ gering, gemessen an dem Aufwand.

Der Autor plädiert jedoch aus eigener Erfahrung dafür sich diese Frage ein paar Mal im Leben zu stellen.

# 3. WEITERE GESICHTSPUNKTE DER IDENTITÄT

## 3.1 VORBEMERKUNG

Eine Identität dient dazu den Einzelnen in seiner Umwelt zu definieren. Mit dieser Ich-Erkenntnis beginnt die Reflexion über die Außenwelt. In diesem Stadium ist noch keine Bewertung oder Zuordnung des Ich gegenüber der Außenwelt vollzogen (das Verhältnis eines Säuglings zu seiner Mutter oder zu seinem Vater). Der nächste Schritt ist das Erlernen der Sprache. Ohne die Werkzeuge der Kommunikation kann man nicht seine Bedürfnisse gegenüber der Außenwelt ausdrücken. In der Erlernungsphase wird die Zuordnung von Bildern zu Begriffen erreicht. Ohne diese kann der Mensch ebenfalls nicht seine Bedürfnisse äußern. Mit dem Erlernen der Sprache lernt der Mensch bestimmte Zusammenhänge zu abstrahieren. Dies wird jedoch in einer Ursprache vollzogen. Damit hat das Individuum abermals ein weiteres alleinstellendes Merkmal aufgebaut, das zur Identität führt. Die von den Eltern vorbestimmte, religiöse Zugehörigkeit bestimmt für das Kind ein weiteres Merkmal, weswegen es sich einer Gruppe zuordnet. Diese Zuordnung der Religion stellt das Ich des Kindes in eine soziale Einheit.

## 3.2 AUSBILDUNG

Die Ausbildung und weitere Bildung des Kindes stellen einen weiteren Baustein in der Identitätsbildung dar. Das Mythen- und-Märchen-Erzählen bildet einen weiteren Anker in der Festigung des Zugehörigkeitsgefühls des Ichs zu einer sozialen Gruppe. Diese Prozesse sind jedoch Prozesse, die für das Ich des Kindes fremdbestimmt sind. Diese aus Fremd- und Selbstbestimmung geformte Identität wird durch zivilisatorische Entwicklungen ein Leben lang beeinflusst und teilweise verändert. Diesem Prozess kann das einzelne Ich sich nicht erfolgreich widersetzen. Dies gilt insbesondere in der Zeit der Kommunikationsgesellschaft, die durch Medien wie Facebook beeinflusst wird. „Willst du einen Menschen formen, so solltest du darauf achten, dass seine Herkunft, seine Sprache und sein soziales Gefüge in Einklang gebracht werden", war schon kurz nach dem Mittelalter von Blaise Pascal gesagt worden.

In der Geschichte der Menschheit haben stets identitäre Probleme dazu geführt, dass sich gesellschaftliche Umwälzungen vollziehen konnten.

## 3.3 DIE SOZIALE HERKUNFT

Die soziale Herkunft eines Kindes bestimmt seine Beziehung zu seinem Umfeld. Die soziale Herkunft ist ein wesentliches Merkmal für die Identität des Menschen. Sie bestimmt die weitere Entwicklung des Kindes und des gesamten

Menschen und bestimmt sein Verhalten für den Fall, dass er die Sozialebene der Gesellschaft wechselt. Das heißt, wenn ein Kind aus einer so genannten „hohen" gesellschaftlichen Schicht entstammt und durch Veränderung seiner Sozialschicht in eine untere soziale Schicht gelangt, so wird sein Verhalten durch seine Herkunft teilweise mitbestimmt bleiben. Ein weiteres Beispiel spiegelt sich in der Beschreibung des Verhaltens der so genannten „Neureichen" wider. Denn in der jeweiligen Gesellschaftsschicht wird eine bestimmte Sprache und ein bestimmtes Verhalten gepflegt, eine bestimmte Denkweise an die Kinder weitergegeben. Diese drei Elemente bilden jedoch einen wichtigen Baustein der Identität.

## 3.4    DIE ETHNISCHE HERKUNFT

Die ethnische Herkunft ist in Deutschland negativ besetzt. Es ist jedoch in der heutigen, globalisierten Welt wichtig darauf hinzuweisen, denn die ethnische Herkunft beinhaltet Sprache, Geschichte, Kultur, Humanismus oder fehlenden Humanismus, Religion und sonstige Gesichtspunkte. Maßgebend für diese Sicht sind die so genannten heutigen „Religionskriege", zum Beispiel die ewige Auseinandersetzung zwischen Sunniten und Schiiten, die Auseinandersetzung zwischen Hinduismus und Islam, die Auseinandersetzung zwischen Islam und Buddhismus, die Auseinandersetzung zwischen Islam und Judaismus und letztendlich die bevorstehende Auseinandersetzung zwischen einem Islam bestimmter Prägungen (Wahhabismus) und dem Christentum.

Zudem haben die Einwohner aus arabischen Ländern, aus bestimmten indischen Kasten, aus bestimmten muslimischen Ländern, aus bestimmten afrikanischen Ländern ein gegenteiliges Verständnis einer Gesellschaft, zu der Rolle der Frau, der Rolle der Ausbildung, das Verständnis des Humanismus, und selbstverständlich der Gesellschaft sowie das Verständnis der singulären Identität (Ich-Identität). Bei vielen dieser Länder spielt die persönliche Identität keine Rolle, es geht um die „Massenidentität", die durch die Auslegung einer bestimmten Religion, einer bestimmten Staatsform und einer bestimmten Form des Humanismus geprägt werden muss. Diese Unterschiede spielen eine existentielle Rolle für eine Integrationspolitik.

Der durchschnittliche Gastarbeiter aus Anatolien, der kaum der türkischen Schriftsprache mächtig ist, lebt in seinem Dorf in Anatolien unter folgenden Identitätsmerkmalen: Die Auslegung der Religion wird durch die Vorbeter oder den Dorfältesten vorgegeben. Die Regelungen des Zusammenlebens werden wiederum vom Dorfältesten vorgegeben. Die Erziehung der Kinder wird ebenfalls vom Dorfältesten festgelegt und ebenso die grundsätzliche Denkweise und der Umgang mit Problemen. Übersiedelt der Gastarbeiter ins nördliche Europa, so sieht er sich gezwungen, zu dieser Ur-Identität eine weitere Identität anzunehmen oder so zu tun, als ob er sie angenommen hat. Dabei entstehen für denjenigen wesentliche Fragen:

a) Will ich die andere Identität überhaupt?

b) Kann ich die zusätzliche Identitätsannahme umgehen?

c) Was verliere ich, wenn ich meine Ur-Identität verändere und eine neue Teilidentität annehme?

d) Reicht es nicht aus, wenn ich Formalismus zeige, ohne meine ursprüngliche Identität zu verleugnen?

e) Werde ich in meinem Ursprungsland überhaupt noch als Angehöriger meiner Ur-Identität angesehen?

Diese Fragen stellen sich dem größten Teil der Migranten, auch wenn sie nicht darüber öffentlich kommunizieren. Dieses Identitätsproblem wird in Abschnitt „Migration und Integration" noch einmal tiefergehend erklärt.

## 3.5    DIE RELIGIÖSE HERKUNFT

Die religiöse Identität bedeutet die Zugehörigkeit zu einem bestimmten Glauben oder einer bestimmten Glaubensrichtung. Diese wird nicht durch das Kind ausgewählt, sondern vererbt. Die religiöse Identität wird dadurch gekennzeichnet, dass der Einzelne seine Ich-Identität in einer Gruppe sieht, die gewisse ethnische und mystische Indikatoren beinhaltet. Die Facette der religiösen Identität wird im Christentum öfter abgelegt als in anderen

Religionen. Der Islam und das Judentum lassen nur sehr schwer das Ablegen dieser Identität zu. Im Islam wird dies in vielen Ländern sogar mit der Todesstrafe bestraft. Mit der religiösen Identität sind aber auch Bräuche und Traditionen verbunden. Sprache, Religion, Bräuche und Tradition bilden bei Kindern und Heranwachsenden das Fundament einer wie auch immer gearteten Identität. Dies wird von den Eltern, Schulen und der geographischen Lage beeinflusst.

Man kann durchaus diese Arten von Identität als so genannte „Schmalspuridentitäten" bezeichnen, denn im Islam und im Judentum können und sollen diese Identitäten über die Begrenzungen von Nationen und Kontinenten hinaus bestehen. Der Einzelne wird ein Teil einer gigantischen Gruppe, die sich im Konfliktfall als „quasi-schützende" Kuppel über den Einzelnen wölbt. Dafür muss der Einzelne sich ohne Rücksicht auf seine Person zu dieser Gruppe bekennen, ihren Anforderungen und Vorgaben folgen. Dieses Bekenntnis ist nicht zeitgebunden, sondern ist darauf angelegt auf Dauer zu bestehen. Der Einzelne kann sich nicht mehr oder nur unter höchster Gefahr von der Gruppe lösen, die Steuerung dieser Gruppe ist aber außerhalb seines Wirkungsbereichs. Ein wesentliches Merkmal ist die Vergrößerung der Zahl ihrer Mitglieder und damit verbunden die Steigerung der Macht dieser religiösen Gruppierung. Als konkretes Beispiel nenne ich hier das Streben der saudischen Königsfamilie, die alleinige Vertretung aller Moslems der Welt sowie die Vermehrung ebendieser weltweit zu übernehmen und die muslimische Identität festzulegen und zu festigen. Damit verbunden ist ihr Interesse daran, weltweit Geltung zu erreichen. Insoweit erklärt sich die religiös geprägte Auseinandersetzung mit dem Iran. Es ist äußerst wichtig, dass dieses angedachte Geschäftsmodell kritisch beobachtet wird.


## 3.6    IDENTITÄT ALS PROZESSFINDUNG

Aus Sicht von mehreren psychologischen Wissenschaftlern, unter anderem Eva Jaeggi, ist die Entwicklung der Identität ein permanenter Prozess, der sich durch äußere Einflüsse durchaus verändert. Beispiele für diese Sicht auf Identität sind der Übertritt von einer Religion zu einer anderen oder die „Assimilation" in eine fremde Kultur (Modell der französischen Integration in Bezug auf ihre Kolonien). So lernen algerische Kinder in der Grundschule im Fach Geschichte beispielsweise, dass ihre Vorfahren Gallier sind. Mit der Annahme einer fremden Kultur, das heißt dem Lesen der entsprechenden Literatur, von fremden Philosophien, dem Hören von fremder Musik und dem Annehmen einer fremden Religion wird eine Veränderung der Ur-Identität bewirkt. Dieser Prozess kann nur gelingen, wenn die Ur-Identität dies zulässt. Dies ist wiederum kaum möglich, weil bestimmte Religionen, wie der Islam, - der neben sich keine anderen Religionen duldet - oder das Judentum - denn ein geborener Jude bleibt Jude - nicht zulassen, dass Veränderung geschieht. Der Islam ist nicht nur die Mystik, sondern greift in die praktische Lebensformen ein, schreibt die Sprache des Koran vor, schreibt die soziale Bindung vor, regelt die islamische Philosophie, reguliert die Kunst (zum Beispiel dürfen keine menschlichen Statuen hergestellt werden), regelt die Stellung der Frau in der Gesellschaft, regelt die Erziehung und regelt sogar das soziale Verhalten allgemein (beispielsweise die 10%-Abgabe des jährlichen Einkommens an die Armen). Moslems und Juden, die ihre Identität einer Veränderung unterzogen haben, sind eine Minderheit.

## 3.7    SOZIOLOGISCHE INTERDEPENDENZ DER IDENTITÄT

Die soziale Facette der Identität spielt eine maßgebende Rolle beim Funktionieren der verschiedenen sozialen Schichten einer Gesellschaft. Dies bezieht sich vor allem auf die Durchlässigkeit zwischen den einzelnen sozialen Schichten in beide Richtungen. Als Beispiel dient in einem Schwellenland wie Indien die Durchlässigkeit in Bezug auf die „Unberührbaren" und die höher gestellten sozialen Schichten, zum Beispiel bei einer Eheschließung. Erstaunlicherweise lehnen oft die sogenannten „Unberührbaren" eine Vermischung mit einer höher gestellten Schicht ab. Ein analoges Phänomen findet sich bei den Kommunitäten in der US-Gesellschaft oder in manchen nordafrikanischen Ländern. Dies hat zum Ergebnis, dass sich in solchen Gesellschaften verschiedene Identitäten bilden und damit verbunden teils gewalttätige Auseinandersetzungen in Gesellschaften stattfinden.

# 4.  DEUTSCHE IDENTITÄT?

## 4.1   VORBEMERKUNG

Der Autor hat sich damit konfrontiert gesehen, sich mit der Frage der Deutschen Identität zu befassen, als er die deutsche Staatsbürgerschaft annahm. Als er fragte, was es hieße, deutsch zu sein, wurden folgende Antworten gegeben: Sauberkeit, Ehrlichkeit, Berechenbarkeit, Gründlichkeit, Pünktlichkeit. Der Autor hat sich in seiner Umgebung nach einem Symbol erkundigt. Die Antwort kam prompt: das deutsche Grundgesetz.

Der Autor hat sich nicht mit diesen Antworten zufriedengegeben, denn die oben genannten Kriterien können sich durchaus auch bei anderen Völkern finden und eine „gute" Verfassung haben ebenfalls die meisten Völker.

Aus seiner französischen Herkunft konnte der Autor recht leicht ein wesentliches Symbol der Identität ableiten, nämlich Egalité, Liberté und Fraternité. Bei der amerikanischen Identität waren es die Gedanken der Freiheit und die Chance, sich das eigene Glück zu erarbeiten.

Ein Teil der deutschen Umgebung meinte, dass die deutsche Identität problematisch sei und verwies auf die dreizehn Jahre Nationalsozialismus und die unvorstellbaren Gräueltaten. Erstaunlicherweise hat keiner der Befragten Hinweise auf das „Land der Dichter und Denker" gegeben, auf das Hambacher Fest, auf das Symbol der Paulskirche, auf die gescheiterten Revolutionen in Baden und in Rheinland-Pfalz oder auf den Aufstand der Germanen gegen die Römer unter Arminius. Keiner der Befragten hat auf das Weltkulturerbe der deutschen Musik, wie Beethoven, Schumann, Bach, Brahms, Haydn, Maler wie Caspar David Friedrich, Albrecht Dürer, Emil Nolde, Franz Marc, Paul Klee, Max Beckmann, Max Ernst, Felix Nussbaum, Ludwig Knaus, Emil Schumacher, Hans Arp, August Macke appelliert. Keiner hat auf die Philosophen wie Kant, Hegel, Nietzsche, Marx, Schopenhauer und neuerdings Habermas und Adorno hingewiesen. Keiner hat von den Soziologen Erwin K. Scheuch oder König gesprochen. Keiner hat auf Ökonomen wie Günter Schmölders, Walter Eucken, Friedrich Hayek hingewiesen. Keiner hat Wissenschaftler wie Albert Einstein, Robert Oppenheimer, Werner K. Heisenberg, Otto Hahn, Max Planck, Fritz Haber, Karl-Friedrich Gauß, Ferdinand Braun, Paul Ehrlich, Justus von Liebig, Carl Bosch oder Gottlieb Daimler erwähnt. Keiner nannte die Namen der Gebrüder Grimm, Wilhelm Busch, Johann Wolfgang von Goethe, Friedrich Schiller, Heinrich Heine, Thomas Mann, Gotthold Ephraim Lessing, Bertold Brecht, Günter Grass, Heinrich von Kleist, Erich Kästner, Heinrich Böll, Carl Zuckmayer, Joachimn Ringelnatz, Georg Büchner. Keiner hat mir die Friedens Nobelpreisträger genannt, Gustav Stresemann, der immerhin gemeinsam mit dem Franzosen Henri Poincaré den Beitritt Deutschlands in den Völkerbund ermöglicht hat, Ludwig Quidde der die Friedensgesellschaft geführt hat, oder Carl von Ossietzky, der im KZ starb, Willy Brandt, Albert Schweitzer, der Schweizer wurde, der sich zuvor in Afrika einsetzte. Über dieses Verhalten war der Autor sehr erstaunt. Dass der Begriff der deutschen Identität so negativ belastet war. Er gab sich Mühe, sich mit mehreren Leuten aus verschiedenen sozialen Schichten darüber zu unterhalten, stieß jedoch sehr oft auf Unverständnis.

## 4.2 DIE VOR-WILHELMINISCHE DEUTSCHE IDENTITÄT

Vor der Entstehung des Zentralstaats Deutschland gab es vor allem kleine „Staaten", wie den der Bayern, der Württemberger, der Hessen, die Rheinländer, die Hamburger, die Badener (Badenser), die Kurpfälzer, die Franken, die Westfalen, die Thüringer, die Ostpreußen und die Westpreußen, die Schlesier, die Sachsen, die Mecklenburger, die Holsteiner und die anderen deutschen Staaten. Alle diese Länder erfüllten die folgenden Kriterien einer Identität: als erstes ist die Deutsche Sprache mit den von ihnen abgelegten Dialekten zu nennen. Zum zweiten hatten sie das Gefühl einer „germanischen Abstammung". Sie besaßen eine sie verbindende Kultur / Schriftstellerei / Philosophie / Musik. Sie besaßen außerdem Grundelemente von gemeinsamen Traditionen. Außerdem gab es eine christlich/jüdische Religionstradition. Eine der wichtigsten Persönlichkeiten der kirchlichen Geschichte, namentlich Martin Luther, hatte die lateinische Bibel in die deutsche Sprache übersetzt.

Quelle: Wikipedia: (http://images.google.de/imgres?imgurl=http://wiki-commons.genealogy.net/images/c/cb/Deutsches_Reich_1871.png&imgrefurl=http://wiki-de.genealogy.net/Deutschland_1871-1918&h=473&w=559&tbnid=qmSv8WXRTxouXM:&tbnh=90&tbnw=106&docid=fH3DoSwdRBLW0M&usg=__xy-WDeZdTF3hTC6_HYfbuyN69UA%3D&sa=X&ved=0ahUKEwiUt7GL1bfRAhUUeFAKHWvFAT0Q9QEIHzAA)

Eine weitere Revolution in der Wissensverbreitung entstand durch Johannes Gutenberg, dem Mainzer, der durch den Buchdruck erheblich dazu beitrug, dass die Bibel und überhaupt die deutsche Literatur zu einem annehmbaren Verkaufspreis verbreitet werden konnten - und über Schriften auch die Ideen.

Trotz der sogenannten kleinstaatlichen, politischen Streitigkeiten waren die Merkmale einer deutschen Identität gegeben, die jedoch pluralistischer war, als später in Zeiten der so genannten „Verpreußung" der deutschen Identität. Während dieser Zeit lebten maßgebliche Musiker, wie Beethoven, Schuhmann und Bach, Philosophen, wie Kant, Schriftsteller wie Goethe und Schiller und bestimmten maßgebend die Grundzüge einer pluralistischen deutschen Identität. Das Hambacher Fest und die aus dieser Bewegung entstandene Pauls Kirchen Versammlung, sowie die Entstehung von Revolutionen (Baden, usw.) scheiterten allgemein. Diese Dinge wurden sehr stark vom Bürgertum bestimmt. Diese Erfahrungen werden leider nach dem Zweiten Weltkrieg vom größten Teil der Bevölkerung entweder ignoriert oder entziehen sich ihrer Kenntnis.

Für viele Deutsche und leider auch viele Historiker beginnt die Deutsche Geschichte mit der Gründung des Nationalstaats 1871 unter preußischer Herrschaft. Dieser „verpreußte" Nationalstaat wurde durch und durch organisiert, sodass er die Vielfalt der verschiedenen Gebiete Deutschland nicht mehr berücksichtigte. Dieser „verpreußte" Staat wurde nach militärischen Grundsätzen organisiert, somit wurde der kritische Freigeist im Keim erstickt.

## 4.3 DIE VERPREUßUNG DER DEUTSCHEN IDENTITÄT AB 1871

Während dieser Zeit wurden viele Freigeister und kritische Schriftsteller aus dem zusammengeführten Deutschland ausgewiesen oder mussten ins politische Exil gehen. Dadurch begann eine so genannte „Verarmung der Kultur", die durch die Industrialisierung kompensiert wurde. Während dieser Zeit wurde die deutsche Identität definiert durch

- eine uneingeschränkte „Vaterlandsliebe"
- eine Verehrung des Militärs
- eine Verbeamtung des größten Teils des Staatswesens
- eine Industrialisierung ohne Rücksicht auf Verluste, beispielsweise der „Stahlbaron" Alfred Krupp
- eine Verehrung des Kaisers und seines Kanzlers Bismarck für deren „Unfehlbarkeit"
- eine Verdeutschung der Deutschen Sprache, auch wenn dies keinen Sinn machte
- eine Stärkung der nationalen Forschung.

Durch diese Kriterien wurde das Deutschsein definiert. Während dieser Zeit wanderten beispielsweise Karl Marx und Friedrichs Engels 1870 bzw. 1872 nach England aus. Dadurch wurden eine kritische Bewertung der „neuen deutschen Identität" und damit die Infragestellung der preußischen Hegemonie verhindert. Das negative Erscheinungsbild dieser deutsch/preußisch/militärischen

Identität wurde bereits bei der Niederlage der Franzosen 1871 in Sedan von den übrigen europäischen Völkern wahrgenommen. Dies wurde durch den Ersten Weltkrieg verstärkt. Vor allem Kaiser Wilhelm II war die personifizierte, negative Verkörperung der deutschen Identität. Nach dem Abdanken des Kaisers 1918 wurde eine „Lockerung" dieser deutsch/preußisch/militärischen Identität sichtbar. Sie wurde durch die „goldenen 20er" („les années folles") aus dem Blickwinkel verschiedener europäischer Staaten normalisiert. Das heißt, die deutsche Identität hatte nicht mehr einen Sonderstatus, der durch die Bismarcksche/Wilhelminische Zeit geprägt war.

Die Weimarer Republik hat dazu beigetragen, dass man weltweit die extremen Kriterien der „verpreußten" Identität vergaß bzw. sie milder betrachte. Die Weimarer Republik trug außerdem dazu bei, dass die deutsche Identität weltweit wieder salonfähig wurde, sodass die preußisch/militärischen Kriterien der deutschen Identität als eine Bereicherung anderer Identitäten angesehen wurden.

## 4.4    DAS WATERLOO DER DEUTSCHEN IDENTITÄT

Mit dem Aufstieg Adolf Hitlers und der NSDAP, die die deutsche Identität auf eine „überlegene" Rasse reduziert haben, wurde eine Pervertierung der deutschen Kultur, der Religion, der Sprache, der Vielfältigkeit, des kritischen Denkens und sonstigen alleinstehenden Merkmalen vorgenommen. Die deutsche Identität wurde von Hitler und den Nationalsozialisten zu ethnischen Merkmalen einer Bevölkerungsgruppe (Rasse), die sich dadurch kennzeichneten, dass im Vergleich zu allen anderen Identitäten per Definition eine Überlegenheit deklariert wurde. Das heißt nichts Anderes, als dass Hitler und die NSDAP versuchten, in diesen ethnischen Zugehörigkeiten auch physiologische Merkmale zu definieren, sodass die Identität zuerst durch ebendiese zu bewerten war. Unter Hitler und den Nationalsozialisten war die deutsche Identität, nach ihnen die „deutsche Rasse, definiert durch Schmalspurkriterien, das heißt, eine nicht zugehörige Person der Ethnie konnte niemals diese Identität annehmen. Diese selektive Art der Identitätsbestimmung und ihre Repressalien haben schon in den Jahren vor Kriegsausbruch zu einer geistigen Verarmung Deutschlands geführt. Kritisches Denken wurde „ausgemerzt", indem die Personen in KZs (beispielsweise Karl von Ossietzky) gesperrt wurden.

Das Perfide an Hitler und der NSDAP war die Suggestion, dass „Individuelle Identitäten" sich in der Masse auflösen und diese lediglich über eine so genannte „Rassenangehörigkeit" bestimmt wurde. Diese „Rassenangehörigkeit" bezog sich de facto auf angebliche morphologisch-physiologische Faktoren.

Verheerend kam hinzu, dass die Indoktrinierung der Massen die Überzeugung erwirkte, dass die anderen Völker minderwertig wären, und daher die so genannte „Herrenrasse" alle Rechte besaß und als einzige Pflicht den unbedingten Gehorsam Hitler und der Führung gegenüber hatte. Das heißt, dass jeder Deutsche aus der niedrigsten sozialen Herkunft gegenüber einem „Ausländer", selbst dann, wenn dieser aus der höchstmöglichen sozialen Herkunft stammt, auf jeden Fall höher gestellt und damit wertvoller sei. Dieses Gefühl des Stolzes und des Wertvoll Seins und die Überlegenheit des „reinen Blutes" sorgte dafür, dass nach der Niederlage eine Zeit der „Volkspsychosen" sich über Deutschland ausbreitete.

## 4.5   DIE ENTWICKLUNG DER DEUTSCHEN IDENTITÄT NACH 1945

Die weltweite Verbreitung über die Gräueltaten der Nationalsozialisten und quasi des deutschen Volkes hat dazu geführt, dass bis auf wenige Ausnahmen „deutsch zu sein" einer Schande gleich gekommen ist. Der Stolz des deutschen Volkes wurde damit zumindest auf lange Zeit gebrochen. Aus dieser Erfahrung abgeleitet wurde in Westdeutschland eine Verfassung ins Leben gerufen, die Historiker wie Heinrich August Winkler als eine **„Verfassung der Angst"** bezeichnen. Dies bezieht sich nicht nur auf die Erschwernisse zentraler politischer Entscheidungen, sondern auch auf die Zerteilung der Macht in einem föderalen System, das den heutigen Anforderungen nicht mehr gewachsen ist. Zudem wurde die Mitwirkung des „deutschen Volkes" nur indirekt zugelassen, da nur Parteien gewählt werden und nicht Personen. Selbst der

Bundespräsident und der Bundeskanzler werden nur indirekt durch das Volk gewählt. Viele Historiker sehen in dem Ausschluss der Bevölkerung an direkten Mitwirkungen zu politischen Entscheidungen eine Art der kollektiven Bestrafung. Unverständlich ist außerdem, dass wenn eine kollektive Bestrafung eines Volkes wegen angeblicher **„moralischer Verfehlungen"** in der Zeitachse nicht limitiert ist, so entsteht bei den nachfolgenden Generationen des „deutschen Volkes" ein Gefühl der Ungerechtigkeit. Das Verhalten von jungen deutschen Generationen im Ausland im Vergleich mit Jugendlichen aus anderen Völkern sticht laut führenden amerikanischen Soziologen immer noch durch das unsichere Verhalten hervor. Die eindimensionale Lehre der Geschichte, die sich stets nur auf die Jahre 1931-1945 bezieht, ist ideologisch indoktriniert auf Rassenhass und Antisemitismus und bedingt eine äußerst gefährliche Entwicklung. Denn nach und nach werden sich die Generationen von dieser Geschichtsperiode abwenden und die konsequente Lehre ablehnen.

Der Erfolg der westdeutschen Nachkriegsgeneration wurde außer der technischen Fähigkeit, wieder eine Industrie aufzubauen, getrieben durch den Ehrgeiz in der Spitzentechnologie weltweit Ansehen zu erreichen. Dieser wirtschaftliche Erfolg diente in der deutschen Identität als Quasi-Ersatz für eine nationale-politische-militärische Identität. Nach Erzielung ebendieser Erfolge wurde man wieder als Westdeutscher gefragt, gesucht und hofiert. Gleichzeitig wurde mit der Schaffung eines Grundgesetzes, orientiert an Menschlichkeit und Moral, der folgende

Versuch unternommen: Schaut, wir sind die moralistischen Gutmenschen dieser Welt.

Da wir Westdeutschen gleichzeitig „auf der guten Seite" (Westallianz) waren, waren wir sowieso die freiheitlichste und nur an den Menschen orientierte deutsche Kulturnation. Gleichzeitig wurde mit der deutsch-französischen Freundschaft das Bild des hässlichen Deutschen in Europa getilgt.

Erstaunlicherweise wurde ein analoger Prozess auch in der DDR vollzogen. Aufgrund ihrer Zugehörigkeit zum Warschauer Pakt waren die Deutschen in der DDR per Definition die besseren Deutschen, denn Kommunisten und Sozialisten hatten einst gegen die NSDAP und das Hitler-Regime gekämpft und da die DDR Mitglied des Warschauer Pakt war, der mit sehr vielen Entbehrungen gesiegt hatte, fühlten sich die Menschen in der DDR grundsätzlich auf Seiten der Sieger. Da der Kommunismus das Paradies auf Erden versprach und da die ostdeutsche Bevölkerung unbedingt an diesem Glück teilnehmen wollte, wurde sie getrieben von Ehrgeiz auf höchste wirtschaftliche Leistungen getrimmt. Daher wurde die DDR in wenigen Jahren die zweite Wirtschaftsmacht hinter der UdSSR im Warschauer Pakt. Dies wiederum erlaubte mit hoch erhobenem Kopf keine richtige Geschichtsbewältigung zu vollziehen. Umso schlimmer war der Fall der Ostdeutschen nach der Wiedervereinigung, die sich dann als Deutsche zweiter Klasse empfanden. Dieses Identitätsproblem der ostdeutschen Bevölkerung darf nicht unterschätzt werden und könnte in dem Zusammenfügen der beiden Identitäten zu ernsthaften Problemen führen.

Erstaunlicherweise fühlen sich heute (im Jahre 2010-2016) die „Westdeutschen" von den „Ostdeutschen" übernommen, denn die Schlüsselpositionen im Staat gehören momentan hauptsächlich ehemaligen Ostdeutschen. Diese Führungskräfte sind jedoch von ihrer Ursozialisierung (Grundidentität) so behaftet, dass viele „Westdeutsche" sich nicht mehr in der ausgeübten Politik wiederfinden.

# 5. IST DIE DEUTSCHE IDENTITÄT EINE UNGLÜCKLICHE IDENTITÄT?

Vor diese Frage hat sich der Autor lange gesträubt, jedoch spätestens bei der Annahme der deutschen Staatsbürgerschaft musste er sich die Frage stellen, welche Zusatzidentität er neben seiner Grundidentität annehmen würde. Betrachtet man die öffentliche Meinung in vielen Ländern Europas, Amerikas, Asien, Russland, usw., so sind drei Grundtendenzen erkennbar:

## 5.1 DEN DEUTSCHEN TRAUT MAN ALLES GUTE UND SCHLECHTE ZU

Dieser Frage ist der Autor näher getreten und hat versucht, während seiner zahlreichen Reisen die Meinung der dort lebenden Bevölkerung auf die Bezeichnung „deutsch" zu reduzieren. Die Ergebnisse waren verblüffend:

- In allem, was Technik und Wissenschaft anbelangte, wurde der Begriff „deutsch" sehr positiv belegt.
- In allem, was Seriosität und Geschäftstreue anbelangt, wurde eine ähnliche Bewertung abgegeben.
- Es wurde sogar hohe Bewunderung für diese Fähigkeiten ausgedrückt.

- Was die Geschichte anbetrifft, wurden die Meinungen und Bewertungen jedoch extremer: Die einen waren voller Bewunderung, was Hitler und die Nazis geschafft hatten und insbesondere der General Rommel. Die Fähigkeit, der ganzen Welt die Stirn geboten zu haben, sorgte für tiefe Bewunderung. Die anderen waren voller Entsetzen über die Herrschaft der Deutschen und die Gräueltaten an Gefangenen oder unterlegenen Völkern und Soldaten.

Ich werde nie das Gespräch mit einer deutschen Jüdin aus Berlin vergessen, die 1937 nach Dakar geflohen war. Sie erzählte mir, wie sie den Umschwung erlebt hatte, dass von heute auf morgen ihre besten „deutschen, katholischen Freunde" ihre schlimmsten Feinde wurden, sie als „Nichtdeutsche" beschimpften, obwohl ihre Familie mehr als 700 Jahre in Berlin lebte, wie sie sie demütigten, sie mit Füßen traten und die gleichen Personen unwahrscheinlich viel Liebe und Respekt gegenüber ihren Schäferhunden hatten. Dieses Gespräch hat der Autor 1976 geführt. Die Frau hatte bis zur damaligen Zeit nicht verstanden, wie ein Mensch sich in so kurzer Zeit so sehr wandeln konnte. Der Autor wollte die Geschichte erst nicht glauben und musste sich ähnliche Geschichten von französischen Juden anhören. Das Fazit der Frau war: „Den Deutschen kann man alles zutrauen, im Guten wie im Bösen."

## 5.2    DIE HEUTIGEN DEUTSCHEN

Bei vielen dieser Reisen habe ich die Bevölkerung gefragt, wie die neuen Deutschen zu bewerten wären und ob sie aus der Geschichte gelernt hätten und es wurde unisono nachgefragt: „Darf die heutige, in Deutschland lebende Generation überhaupt sagen, was sie denkt? Wird sie überhaupt frei erzogen? Wie viele historische Tabus kennt die heutige deutsche Generation? Ist die „wahre" deutsche Seele nicht gebrochen? Sind die heutigen deutschen Generationen überhaupt fähig, objektiv geopolitische Probleme zu beurteilen? Wie tief hat der Holocaust die deutsche Identität verändert? Wie weit gingen die US- und sowjetische Kolonialisierung der deutschen Bevölkerung? Welche kulturellen Höhepunkte bringt die heutige deutsche Kultur hervor? Ist Deutschland noch ein Land der Dichter und der Denker? Wieviel Humor besitzt die deutsche junge Generation gegenüber den 20er Jahren? Ist ein kritisches Denken in der heutigen deutschen Gesellschaft überhaupt vorhanden?

Der Autor sah sich überfordert, solche Fragen angemessen zu beantworten und hat versucht, sich mit einem Ausflug in der „Vor-Verpreußung" Deutschlands zu retten. Manche Fragen und vor allem wie die Fragen gestellt worden sind, konnten den Eindruck erwecken, dass die deutsche Politik seit Kriegsende bemüht war, weltweit ein Bild der Harmlosigkeit zu propagieren, ohne jedoch Standfestigkeit aufzuzeigen. Vor allem der Holocaust und die ständige Erinnerung seitens des Staates Israel erweckt bei sehr vielen

Staaten den Eindruck, dass de facto Deutschland eine geistig-moralische Kolonie von Israel sei. Der Autor hat versucht, mit all seinen Argumenten dagegen anzureden und aufzuzeigen, dass der Antisemitismus von der katholischen Kirche schon im Mittelalter europaweit propagiert wurde. Diesem wurde von vielen seiner Gesprächspartner jedoch mit dem Gegenargument widersprochen: „Aber was die Deutschen machen, machen sie perfekt."

Nach 50 Jahren Aufenthalt in Deutschland ist der Autor zu einer subjektiven Bewertung gekommen. Er ist der festen Überzeugung, dass die deutsche Identität eine glückliche Identität ist und nicht das Gegenteil, denn kein Land der Welt hat sich mit den dunklen Kapiteln seiner Geschichte so intensiv auseinandergesetzt wie das deutsche Volk. Kein anderes Land der Welt versucht die nationalen Gesichtspunkte der Identität so herunterzuspielen. Kein Volk der Welt hat für in der Vergangenheit begangene Fehler so teuer bezahlt.

Die deutsche Identität kann sich jedoch nicht nur auf die wilhelminische /nationalsozialistische Zeit beschränken. Es darf nicht vergessen werden, dass das 18. und 19.Jahrhundert die Freigeister und eine Hochzeit der Kultur hervorgebracht hat. Es darf ebenfalls nicht vergessen werden, dass mit der Erfindung des Buchdrucks der Menschheit ein Dienst erwiesen worden ist, der seinesgleichen sucht. Es darf nicht vergessen werden, dass deutsche Physiker, Chemiker und Astronauten dafür standen und stehen, dass manche Träume realisiert werden konnten. Daher ist nach Meinung des Autors die deutsche Identität aus der historischen Entwicklung heraus eine glückliche, ohne die Gräuel des Holocaust zu vergessen.

# 6.   NOTWENDIGE DISKUSSIONEN ÜBER DIE DEUTSCHE IDENTITÄT

## 6.1   VORBEMERKUNG

In den letzten 70 Jahren wurde eine gründliche Diskussion über die deutsche Identität vermieden, da die Angst bestand, dass mögliche Kriterien deckungsgleich mit der Ideologie der Nationalsozialisten seien. Dies sollte um jeden Preis vermieden werden. Stattdessen wurde die Identität mehr oder weniger übertragen auf das Symbol des Deutschen Grundgesetzes. Erstaunlicherweise wurden die alleinstehenden Merkmale deutscher Kulturen in Zeiten vor der „Verpreußung" mehr oder weniger in den Hintergrund gestellt. In den letzten Jahren wurde im Rahmen der Einwanderung und des Islam vorübergehend der Begriff der „Leitkultur" durch die CDU in die Diskussion gebracht, um aber sehr schnell wieder aus der Diskussion zu verschwinden. Eine Chance bot sich Deutschland, im Rahmen der Wiedervereinigung eine gründliche Diskussion über eine neue Verfassung und über die Identität zu führen. Dies wurde jedoch von der „politischen Klasse" ausgebremst und verhindert. Dies geschah mit Hilfe einer List, indem man einfach der DDR einen Beitritt zum Grundgesetz ermöglichte. Damit wurde die Verwirklichung von Wünschen der ostdeutschen Bevölkerung und Änderungen im Grundgesetz verhindert und eine fällige Diskussion über die Identität vermieden.

Angesichts der zu erwartenden Migration und geopolitischen Umwälzungen und technischen Revolutionen, welche die bisher bekannten sozialen Strukturen ändern werden, stellt sich mehr denn je die Notwendigkeit, eine gründliche Diskussion über die deutsche Identität zu führen.


## 6.2    UNABDINGBARE FRAGESTELLUNGEN

Folgende Fragen müssen anlässlich einer gründlichen Diskussion über die Identität geklärt werden:

1. Welche Rolle spielt die NS-Ideologie in der deutschen Identität (das „Holocaust-Syndrom")
2. Welche negative Rolle spielt die Verpreußung und somit die wilhelminischen Gesichtspunkte in der deutschen Identität.
3. Gibt es neue Gesichtspunkte der deutschen Identität nach der Wiedervereinigung?
4. Welche Rolle spielt die christlich-jüdische Geschichte in der deutschen Identität?
5. Stellt der Islam eine Facette der neuen deutschen Identität dar?
6. Sind die Besitzer der Doppelstaatsbürgerschaft Deutsche nach identitären Kriterien oder nicht?
7. Wohin soll sich die Deutsche Identität weiterentwickeln?

Diese Fragen müssen gründlich und in der Gesellschaft diskutiert und in einen Konsens gebracht werden. Dies wird höchstwahrscheinlich ein länger andauernder Prozess sein, ist aber äußerst wichtig, denn bei den aufkommenden Auseinandersetzungen der Kulturen bildet sie eine wesentliche Grundlage dafür, diesen Kampf zu überstehen, in dem die innere Überzeugung von der eigenen Identität eine wesentliche Rolle spielt. Die Gesellschaft soll die auf eine pseudomoralische Art oder nach „Gutmenschen-Art" geführte geistige Auseinandersetzung nicht fürchten.

Der einzige innere Kompass sollte die Akzeptanz der gesamten deutschen Geschichte in guten und in schlechten Zeiten sein. Dabei sollte man aber auf das Bedürfnis verzichten, nach moralischen Grundsätzen bewertet und überall geliebt zu werden. Das heißt nicht, dass die deutsche Identität unabdingbar mit einer gewissen Arroganz verknüpft sein muss.

Es ist äußerst wichtig, eine genaue Diskussion über die deutsche Identität zu führen, denn mit der Migration von Angehörigen fremder Kulturen entsteht ein relativ klares Bild. Zu erwarten, dass Angehörige fremder Kulturen ohne weiteres eine „Zusatzidentität" annehmen, ist illusorisch. Das Verlangen einer Assimilation dieser Gruppen wird fehlschlagen, dies zeigt das Assimilationsmodell Frankeichs.

Es ist wichtig, dass die Hürden bei der Annahme der deutschen Identität für die Fremden richtig austariert werden, dass sie weder sehr niedrig noch sehr hoch sind:

- Kenntnis der Sprache
- Grobe Kenntnisse der Geschichte
- Grobe Kenntnisse der Entwicklung der Kultur
- Kernkriterien einer Identität, wie beispielsweise das Grundgesetz
- Grobe Übersicht über die Traditionen

sind unabdingbar und in einer überschaubaren Zeit den Angehörigen fremder Kulturen beizubringen.

# 7. EUROPÄISCHE IDENTITÄT?

## 7.1 VORWORT

Gibt es eine europäische Identität? Für viele Wissenschaftler gibt es diese nicht. Der Autor ist fest davon überzeugt, dass Grundzüge einer europäischen Identität mit der Geschichte des Kontinents fest verbunden sind. Folgende Kriterien einer Identität können dafür maßgebend sein.

## 7.2 DER CHRISTLICH-JÜDISCHE URSPRUNG EUROPAS

Über 2000 Jahre prägt die christlich-jüdische Geschichte die Länder und Kleinstaaten Europas. Sei es in Italien, sei es in Frankreich, sei es in Spanien, Portugal, in England, in Deutschland, in Polen und den nördlichen Ländern. Während dieser gesamten Zeit wurden positive und negative Entwicklungen sei es durch Päpste, sei es durch orthodoxe Patriarchen bestimmt. Das Leben der Fürsten und Könige wäre ohne diese Kirchen nicht denkbar gewesen. Die beiden Organisationen haben sich sehr oft zwar selbst diskreditiert, blieben jedoch mächtig. Das Judentum machte eine wechselhafte, aber stets leidvolle Geschichte durch. Entweder wurden die Juden geduldet oder ausgestoßen, man akzeptierte oder verfluchte sie. Diese religiösen Entwicklungen bestimmen bis heute die politische und soziale Entwicklung der europäischen Länder.

Während der Zurückdrängung der katholischen und evangelischen Kirchen und die durch die französischen Revolutionen erzwungene Teilung von Staat und Kirche entstand eine säkulare Entwicklung, eine solche Entwicklung fand bei den Orthodoxen nicht statt. Somit spielt heute die orthodoxe Kirche in Russland - Ausnahme war die Zeit der kommunistischen Diktatur - eine tragende Rolle bei der Bestimmung der Innen- und Außenpolitik Russlands.

Mit der Säkularisierung der Gesellschaft ging eine Entwicklung der katholischen und evangelischen Kirche einher. Somit wurden öffentliche Diskussionen und kritische Ansätze über die Kirche möglich. Bis auf wenige Ausnahmen (Deutschland) sind die Zuwendungen seitens des Staates für die Kirche nicht mehr vorgesehen. In Frankreich gehören die Kirchengebäude dem Staat und die römisch-katholische Kirche darf die Örtlichkeiten nur benutzen.

Was jedoch wesentlich prägend in der religiösen Facette der Identität ist, sind die Vorgaben der katholischen Kirche für die Menschen. Diese Vorgaben haben sich in den letzten hundert Jahren sehr stark zu einem Humanismus und einer Toleranz entwickelt. Mit Toleranz ist nicht gemeint, dass eine andere Religion oder Philosophie angenommen wird, sie stellt lediglich dar, dass diese andere Art des Denkens akzeptiert wird, mit Verzicht darauf die Anders-Denkenden zu missionieren. Diese falsch verstandene Toleranz hat dazu beigetragen, dass in den letzten Jahren sehr viele Andersgläubige (Muslime) diese Haltung als Schwäche ansahen. Dies ist nicht der Fall.

Angesichts dessen, dass Länder wie Saudi-Arabien das Streben der Herrschaft einer nach ihrer Ansicht „guten" Form des Islam verfolgen und damit eine Supra-Identität über die jeweils andere Identität legen, müsste das christlich-jüdische Erbe Europas zumindest eines der Elemente einer „europäischen Identität" sein.

## 7.3    DIE GRIECHISCH-LATEINISCHEN URSPRÜNGE

Vorbemerkung: Ohne Griechenland wäre die Kultur der meisten europäischen Länder nicht möglich gewesen. Die griechische Kultur bestimmte das Wesen und die Organisation des Staates und hat die Demokratie hervorgebracht, das heißt, sie hat die Art des Streitens mitgegründet und das Philosophieren oder das Nachdenken über wesentliche Elemente des Menschseins. Ohne die griechischen Mathematiker wäre die Mathematik wesentlich ärmer. Das Übertragen dieses Wissens in die lateinische Sprache geschah sehr oft über den Umweg der arabischen Sprache und stellte einen erheblichen Wissenszuwachs der europäischen Kultur dar. Die Rolle der lateinischen Sprache hinsichtlich der Weiterentwicklung der europäischen Staaten ist nicht zu unterschätzen, selbst dann, wenn Nordeuropa anders geartete Sprachursprünge hat (auch die Deutschen und die nordischen Länder haben sich selbstständig über den Rahmen des Indogermanischen entwickelt).

Bestimmungsfaktoren der europäischen Sprachen:

Alle diese Sprachen und damit Kulturen basieren auf der Festlegung eines Alphabets in Schriftform, festgelegte Formen hinsichtlich Grammatik und einer kultivierten Art des Sprechens und Schreibens (siehe das Heilige Buch in lateinischer Sprache oder die Odyssee von Homer oder die Metamorphosen von Ovid). Es war sogar eine Kunst, die von den Griechen und Römern entwickelt wurde, Dichtungen und Märchen öffentlich zu erzählen bzw. zu deklamieren. Diese Grundsätze haben ihren Niederschlag in der spanischen Sprache, der italienischen Sprache, in der französischen Sprache, in der englischen Sprache und nicht zuletzt in der deutschen und polnischen Sprache gefunden. Vertreter dieser Sprache sind maßgebende Elemente der Weltkultur geworden.

Insoweit ist diese europäische Komponente einer Identität ein wesentlicher Bestandteil dieses so diversen Kontinents. Eine Frage taucht jedoch auf: Ist dieser Kontinent durch diese Sprache eine multikulturelle Gesellschaft? Diese Frage ist eher zu verneinen, da der Ursprung dieser Diversifikation sich de facto auf zwei Sprachkulturen bezieht. Diese Facette der Identität sollte jeden Europäer, abgesehen von jedem politischen Lager, zu einer so genannten Identität zwingen.

## 7.4    DIE PHILOSOPHIE UND DIE DICHTUNG

Auch hier bilden die Ursprünge der griechischen Philosophie die Grundlage einer europäischen Philosophie. Ohne Platon, Sokrates und Aristoteles wären keine lateinischen Denker möglich gewesen. Selbst Franz von Assisi wäre ohne die griechische Philosophie undenkbar. Philosophen wie Kant, Montaigne, Goethe, Victor Hugo, Rousseau, Voltaire, Theodor von Adorno, Hegel, Montesquieu, Leibnitz, Spinoza und Descartes wären ohne Grundlage der Stoiker und der Epikureer, der Skeptiker, Eklektiker und den neuen Platonikern nicht möglich. Die griechische Philosophie mit den hellenischen Naturphilosophen Pythagoras und den Pythagern, Herakles und den Naturphilosophen und den Sophisten bestimmen bis heute Tendenzen in der europäischen Philosophie. Selbst neue Philosophen wie Adorno, Habermas, Heidegger, Schopenhauer, Kierkegaard, Nietzsche, der englische und französische Positivismus wären nicht möglich ohne Grundlage der griechischen Philosophie.

Dies zeigt abermals, dass auch dies eine Facette einer europäischen Identität ist, denn alle diese Philosophen, so verschieden sie auch seien, basieren auf dieser Art des Denkens. Alle diese griechischen und lateinischen Philosophen des Mittelalters trugen dazu bei, dass die Gesellschaft und die ihr inhärenten Menschen sich zu einem so genannten „Europa der Aufklärung" entwickelten. Alle Philosophen trugen zum Mythos Europa als Kontinent der Dichter und Denker bei. Dieser Mythos ist die

Hauptattraktivität einer europäischen Identität, die durch dieses Erbe ein festes Element als alleinstehendes Merkmal hat.


## 7.5    DIE SCHRIFTSTELLER

Die europäischen Schriftsteller bilden trotz ihrer Verschiedenheit eine Facette der europäischen Identität. Seit der Antike werden die verschiedenen Werke in alle europäischen Sprachen übersetzt und dienen als Basis für eine gemeinsame Kultur, die Sicht der Realität, die Art des Denkens, die Art der Beschreibungen des Umfeldes. Seien es Homer oder Ovid, seien es die Schriftsteller des Mittelalters wie z.b.: Rabelais, Cervantes, sei es Gottfried von Straßburg, Chretien de Troyes, Joinville, Francois Villon, Francesco Petrarca, Molière, Pierre Corneille, Jean Racine, Shakespeare, Blaise Pascal und Andreas Gryphius, Schiller, Goethe, von Unbekannten geschriebene Werke wie das Nibelungenlied, Lessing, Herder, Clemens von Brentano, Voltaire, Jean-Jacques Rousseau, Montesquieu, Diderot, Beaumarchais, Chenier, Machiavelli, Marivaux, Prevost, de Laclos, Mercier, Gresset. All diese Schriftsteller haben sich sowohl dem Menschen und dem Menschenbild verschrieben als auch sich gesellschaftspolitisch kritisch geäußert.

Alle diese Autoren verbindet trotz sprachlicher Unterschiede eine gemeinsame Sicht der Dinge und eine allgemeine, ungeschriebene ethische Wahrnehmung. Alle diese Schriftsteller trugen dazu bei, dass ein gemeinsames kulturelles Fundament für die europäische Identität entstanden ist. Alle diese Schriftsteller trugen dazu bei, dass selbst nach den Weltkriegen zwischen den verschiedenen Schriftstellern eine „gemeinsame Sprache" trotz sprachlicher Unterschiede vorhanden ist.

Neben den oben genannten Schriftstellern muss man sehr stark den Einfluss neuerer Autoren nennen, wie Heine, Novalis, Clemens von Brentano, Eichendorff, Edgar Allen Poe, E.T.A. Hoffmann, Chateaubriand, Madame de Stael, La Martin, Alfred de Vigny, Victor Hugo, Alfred de Musset, Theophil Gautier, Prosper Mérimée, Alfons Daudet, Alexandre Dumas, Georges Sand, Walter Scott, Balzac, Baudelaire, Leconte de Lisle, August Comte, Les Frères Goncourt, Gustave Flaubert, Emil Zola, Jean Rimbaud, Günter Grass, Heinrich Böll, Jean-Paul Sartre, Camus, Simone de Beauvoir, Marcel Proust, Guilliaume Apollinaire, Thomas und Heinrich Mann, Erich Kästner, Wilhelm Busch, André Gide, Paul Valerie, Jules Romains, Jules Verne, Georges Duhamel, Luis Aragon, Antoine Saint-Exupery, Julien Green, André Malraux, Henri Bergson, Colette, Jean Giono, Jean Anouilh, Luis-Ferdinand Celine, Eugene Ionesco, Samuel Beckett, Marcel Pagnol, Sacha Guitry, Wolfgang Koeppen und anderen.

Das heißt, selbst im 20. Jahrhundert hat die Mehrzahl der Schriftsteller das gesellschaftliche Leben sehr stark geprägt. Dieser Teil der Kultur trägt dazu bei, dass Europa über seine

Grenzen hinaus attraktiv ist und stellt in bewegten Zeiten ein alleinstehendes Merkmal dar.

## 7.6   MÄRCHEN, TRADITIONEN UND MYTHEN

Märchen haben in Europa immer eine sehr große Rolle gespielt, seien es die Märchen und Mythen der griechischen oder römischen Zeit, im Mittelalter, zur Zeit der Aufklärung und bis zum 20. Jahrhundert. Die Bindung der Nationen an Märchen und Mythen und damit verbundenen Traditionen ist nicht zu unterschätzen. Die meisten Europäer schätzen die griechischen Mythen, sowohl als unterhaltsame Bildung, als auch als moralisch-ethische Grundlage. Die Märchen und Mythen der Römer-Zeit stellen lediglich eine Weiterentwicklung der griechischen Mythen dar. Mythen und Märchen im Mittelalter stellen wie beispielsweise „Die Ritter der Tafelrunde" oder das „Nibelungenlied" eine kritische Darstellung von Fehlverhalten dar. Damit verbunden wird eine quasi-ideale Verhaltensweise angepriesen. Diese Ethik des Verhaltens des Ritters spiegelt eine allgemeine Moral im gesamten Europa.

Die Mythen um die Kreuzzüge und damit verbunden über die Kreuzritter beschreiben auch das menschliche ideale Verhalten in diesen geschichtlichen Zusammenhängen. Die Mythen und Märchen der Gebrüder Grimm und Charles Perrault, sowie Les Fables de La Fontaine, stellen ebenfalls eine kritische Betrachtung der menschlichen Unzulänglichkeiten dar. Diese Märchen zeigen eine gewisse

Anforderung an die Ethik des Mittelalters. Die Märchen von Jean Rabelais bildeten mithilfe von Märchen und Mythen die Vorgabe für die Erziehung von Prinzen und Königen. Montaigne beschrieb mit seinen Hofgeschichten und mithilfe seiner Märchen die Anforderungen an einen zukünftigen Führer. Die Tafelrunde König Arthurs stellte ein Hohelied auf die Integrität der Führungsklasse dar. Die neuen Märchen, wie „Der kleine Prinz" stellen den Versuch dar, schwierige Fragen für Kinder leichter zu erklären. Wilhelm Busch hat mit seinen Beschreibungen ebenfalls versucht, Ethik und moralisches Verhalten den Kindern näher zu bringen. Hans-Christian Andersen versuchte mit seinem Märchen „Die kleine Meerjungfrau", die Tragik der Gefühle Kindern näher zu bringen. Heinrich Heine versuchte mit „Die Sage um die Lorelei" auf Gefahren der Gefühle hinzuweisen. „Der Rattenfänger von Hameln" nach den Gebrüdern Grimm zeigt die Konsequenz von Fehlverhalten von Führungspersonen auf. Alle diese Märchen und deren Wirkung zeigen, dass in ganz Europa zu verschiedenen Zeiten in verschiedenen Ländern die Sehnsucht nach gemeinsamen Werten ausgeprägt ist.


## 7.7   DIE MUSIK

Ein weiteres Hauptkriterium der europäischen Identität stellen die Musik und die Musikgeschichte dar. Aus griechischer Zeit wurde die Musik des Orpheus über die Minnesänger überliefert. Die Musik ab dem 15.

Jahrhunderts- unter anderem geprägt durch das Ehepaar Schumann, Schubert, Beethoven, Mozart, Haydn, Bach, Chopin, Vivaldi, Puccini, Rossini, Paganini, Monteverdi, Ravel, Debussy, Brahms, die Familie Strauß, Grieg, de Fesch, Mendelssohn, Wagner, Orff, Offenbach, Furtwängler und Stockhausen - bildet eine Grundlage des Weltkulturerbes.

Neben der klassischen Musik wurden weltberühmte Sänger und Sängerinnen wie Maria Callas, Anna Moffo, Johannes Heesters oder Richard Tauber bekannt. In der leichten Musik und den Cancans bilden folgende Interpreten einen Teil der Weltkultur: Edith Piaf, Maurice Chevalier, Georges Brassens, Gilbert Becaud, Charles Aznavour, Dalida, Jacques Brel, Yves Montand, René Kollo, Hannes Wader, Georges Moustaki, Juliette Gréco, Charles Trenet, Josephine Baker, Georg Danzas, Mikis Theodorakis, Melina Mercouri, Georg Kreisler, Freddie Mercury, Marius Müller-Westernhagen, Reinhard Mey, Adriano Celentano, Rocco Granata, Klaus Lage, Adamo, Cliff Richard, Hans Albers, Unheilig, Engelbert Humperdinck, Leo Ferre, Joe Dassin, Michel Sardou, Tom Jons, Gianna Nannini, Tito Puccio, Andrea Botticelli und andere. Sie bieten weltweit eine ausgesprochen breite Palette von Liedern und politischen Songs, gesellschaftlichen Chansons, die zum Welterbe der Musik gehören.

Diese europäische Musik ist ein wesentlicher Baustein der europäischen Identität.

## 7.8  DIE MALEREI

Von den Griechen wurden auf Wände in Häusern Szenen aus der Mythologie oder aus den Sagen gemalt, Szenen wurden mit Hilfe von Mosaik-Bildern für die Ewigkeit festgelegt. Die europäische Malerei, sei es die römische, später die Malerei des Mittelalters, sei es italienischen Ursprungs, sei es spanischen, französischen, holländischen, deutschen oder englischen Ursprungs, hat dazu beigetragen, dass die Stufen der Entwicklung der Gesellschaft festgehalten wurden. Diese Malerei wurde entweder auf Leinwände oder direkt auf Wände aufgebracht, oft auch in Form von kirchlichen Motiven und Glasmalerei in den Kathedralen des Mittelalters. Maler wie unter anderem Jean Fouquet, die Tapisserie De l'Apocalypse, Dürer, Michelangelo, Leonardo da Vinci, Rafael, Botticelli, Masaccio, Tizian, Holbein, Rembrandt, Hieronymus Bosch, El Greco, Francesco Bianci, van Gogh, Cézanne, Monet, Manet, Degas, Picasso, Pissarro, Kandinsky, Marc, Macke, Dalí, Klimt, Míro, Chagall, Klee und Modigliani bilden eine unverzichtbare Grundlage der Malerei, die als Erbgut der Menschheit eingestuft ist.

Diese Facette der europäischen Identität ist unverzichtbar für das Selbstverständnis des Kontinents.

## 7.9 TECHNISCHE UND WISSENSCHAFTLICHE ENTDECKUNGEN

Seit den Griechen hat eine rasante Entwicklung stattgefunden, - sei es in der Waffenentwicklung, in der Schifffahrt, in der Medizin - an der verschiedene europäische Länder teilgenommen haben und die mehr denn je den heutigen technischen Fortschritt ausmacht. Die mathematischen Grundlagen der Griechen bildeten die Grundlage mathematischer und physikalischer Entwicklungen in der Medizin. So ist zum Beispiel der Eid des Hippokrates bis heute für alle Ärzte bindend, die Erfindung des Rades durch die Griechen/Römer bildet eine der Grundlagen der Fortbewegung und des Transports. Der Schiffbau hat in verschiedenen Entwicklungen der Geschichte erheblich dazu beigetragen, die Völker Europas mobil zu machen.

Wissenschaftler und Entdecker wie Leonardo da Vinci, der als Genie gelten muss, entdeckten sogar das Prinzip des Fallschirmes. Im Bauwesen wurden beim Bau von Kathedralen Maschinen entwickelt, die heute immer noch Anwendung finden, wie beispielsweise der Kran. Mithilfe des Wassers wurden Mühlen entwickelt, die Getreide in größeren Mengen Maß mahlten, in der Landwirtschaft wurden Maschinen entwickelt, die mit wenig realem Arbeitseinsatz erhebliche Ergebnisse zu Tage brachten. Mit der Erfindung der Dampfmaschine wurde der Straßenverkehr revolutioniert, mit der Erfindung der Brüder Montgolfier wurden die ersten Schritte in der Luftfahrt gemacht. Teile der ersten Flugzeuge wurden in Frankreich, England und Deutschland gebaut, der Schienenverkehr wurde in England, Frankreich und Deutschland entwickelt. Die Mitentwickler des Automobils, seien es Citroen, Peugeot, Renault, Daimler haben dazu beigetragen, dass das Auto eine wesentliche Komponente des heutigen Verkehrs ist. Wissenschaftler wie Robert Koch, Alexander Fleming, Charles Mantoux, Pierre und Marie Curie, Röntgen, Otto Hahn, Albert Einstein, Gustav Eiffel, Hausmann, Charles Darwin, Michael Faraday, John Dalton, William Smith, Joseph Wilson Swan, William Bateson, Francis Bacon, die Stahlbarone der Ruhr und des französischen Creusot, die Werkzeugmacher um Schneider, Siemens, IG Farben, Faber-Castell, von Braun, Messerschmitt, Ernst Henkel, Ferdinand Porsche und bis zum heutigen Tag die Airbus-Industrie bildet ein gesamtgemeinschaftliches, technologisches Wissen, das einen Teil der europäischen Identität darstellt.


## 7.10   DIE AUFKLÄRUNG

Für die Aufklärung bildeten die griechischen Philosophen wie Aristoteles, Sokrates und Platon eine nicht unerhebliche Grundlage, auf der Philosophen und Kirchendeuter, wie Franz von Assisi, Montaigne, Rabelais, Voltaire, Rousseau, Kant regelrecht die Aufklärung und die Abkehr von den dunklen Zeiten der Auslegung des Christentums vorantrieben. Philosophen wie Leibnitz, Spinoza und Descartes bilden ein Grundsystem im Zeitalter des Barock. Philosophen wie Montesquieu, Voltaire, Rousseau und Kant bilden die Grundlage der Aufklärung. In England haben Locke, Berkeley und Hume dazu beigetragen, dass Aufklärung und kritisches Denken Grundlage der Vernunft wird. Hegel trug dazu bei, in der Romantik und im deutschen Idealismus in aufgeklärte Gesellschaften zu überführen. Der französische und englische Positivismus und Marx mit seinen Schriften trugen dauerhaft zur Entzweiung von Kirche und Staat bei. Schopenhauer, Kierkegaard und Nietzsche haben zu einem Weltbild beigetragen, dass sowohl pessimistisch, als auch optimistisch erscheint.

Die Philosophen der Gegenwart mit Karl Jaspers, Moore, Adorno, Camus und Sartre und Habermas bestimmten die Faktoren der europäischen Aufklärung. Sie brachten die ausgeprägte Toleranz gegenüber fremden Kulturen, die Freiheit der Gedanken, sei es politisch oder gesellschaftlich, und den Abschluss der Aufklärung, der in den Menschenrechten gipfelte. Ohne die Philosophie der Aufklärung wäre das Zustandekommen von allgemeinem Menschenrecht überhaupt nicht denkbar. Die Menschenrechte wurden von der UNO in die Grundlage des Zusammenlebens aufgenommen und damit zu einem Welterbe für alle Menschen. Revolutionen und Völker aller Welt berufen sich heute auf die Grundlage der Menschenrechte. Dieses historische Merkmal der Universalität der Menschenrechte hat ihren Ursprung im europäischen Menschenverständnis. In der Politik und der politischen Entwicklung der letzten Jahrhunderte haben historische Figuren wie Machiavelli, Clausewitz, Montaigne, Blaise Pascal und Montesquieu Grundlagen der Führung von Staaten entwickelt, denn sie alle trugen zur Erziehung von Prinzen und Königen bei.


## 7.11   KRIEGE UND LEID

Trotz der Perversion dieser Worte haben die Kriege Europas, die Siege und die Niederlagen dazu beigetragen, dass die Vielzahl der Völker des Kontinents ähnliche oder ähnlich geartete Erfahrungen machten: Sei es der 30-jährige Krieg in Mitteleuropa, der 100-jährige Krieg zwischen England und Frankreich, die Invasion der Normannen in England, die Invasion der Araber in Spanien, die Kreuzzüge der Europäer in Israel, die gescheiterten Revolutionen in Frankreich, England, Deutschland und Italien, die Nationalisierung von Staaten, wie die Bildung des Nationalstaats in Deutschland oder des Nationalstaates in Italien, die Napoleonischen Kriege, der Erste und Zweite Weltkrieg und die Schrecken des Holocaust, die Kolonialkriege - sie bilden eine Facette der europäischen Identität, sei es als angegriffenes Volk oder als Angreifer.

Diese Erfahrungen in dieser Intensität haben kaum Völker anderer Kontinente gemacht. Somit stellen sie ein alleinstehendes Merkmal der europäischen Identität dar.

## 7.12 WELTOFFENHEIT?

Hinsichtlich der Frage nach der Weltoffenheit der Europäer und damit einem Merkmal der europäischen Identität sind widersprüchliche Gesichtspunkte zu verzeichnen.

- Das Auftreten der Europäer gegenüber anderen Identitäten (Nordafrikanischen, Arabischen, Chinesischen, Japanischen, Russischen)
- Das Wirken der einzelnen nationalen Identitäten innerhalb des europäischen Verbunds. Dort wird sehr oft das Trennen der Identitäten besonders betont - was trennt jedoch eine deutsche Identität von einer französischen? Was trennt einen Polen von einem Deutschen? Was trennt einen Italiener von einem Spanier? Was trennt einen Engländer von einem Deutschen? Was trennt eine ungarische Identität von einer deutschen, usw.? In Bezug darauf muss festgestellt werden, dass auch zwischen den nationalen Identitäten gewisse und grundlegende verbindliche Elemente bestehen. Dieses stellt auf den ersten Blick einen Widerspruch dar, auf den zweiten Blick ist jedoch durchaus eine Flexibilität der beiden Gesichtspunkte der Identität vorhanden. Während einige Gesichtspunkte der Identität singulär für einzelne Staaten sind, finden sich andere Merkmale in allen Nationen des europäischen Raums.
- Aufgrund der Wirtschaftsverflechtungen Deutschlands sowie wegen der Kolonialgeschichte

besonders Frankreichs, Portugals und Spaniens besteht sowohl kulturell als auch gesellschaftlich eine gewisse Weltoffenheit. Es ist jedoch zu vermerken, dass besagte Weltoffenheit und damit eine gewisse Toleranz gegenüber anderen Identitäten gleichzeitig mit einem gewissen Rassismus verbunden ist. Ein gewisser Rassismus besteht vor allem in den alten Kolonialmächten gegenüber ihren ehemaligen Kolonien, auch wenn dieser nach außen „zivilisiert" sichtbar ist.

-   Die Weltoffenheit der europäischen Identität wird bei vielen Ökonomen angesehen als eine der Ursachen für die Globalisierung. Die in der Geschichte in Afrika, Indien und Südamerika errichteten Kontore mit einer daran anschließenden Epoche der Kolonialisierung haben dazu beigetragen, dass gewisse soziale und kulturelle Verhaltensweisen auf die dort ansässigen Bevölkerungen implementiert und indoktriniert wurden. Daraus wurde der Mythos der englischen Kultur, der französischen Kultur, des deutschen Wesens, der holländischen Kultur und somit indirekt der europäischen Kultur.

Bei kritischer Betrachtung schränkt der Autor die Weltoffenheit der europäischen Identität ein. Vielmehr dient die Pseudoweltoffenheit dem Mythos einer offenen, toleranten, großzügigen, kultivierten und orientierten Identität.

## 7.13   DER WEG ZUR ISLAMISIERUNG (?)

Ein deutscher Bundespräsident hat in einer berühmten Rede gesagt, dass der Islam zu Deutschland gehört. Dies möchte der Autor jedoch einschränken. Bevölkerungen islamischen Glaubens gehören zweifelsohne zu Europa und damit auch zu Deutschland, aber der Islam als solcher und dessen Auslegung gehören weder zu Europa noch zu Deutschland. Zum geschichtlichen Ausgangspunkt sei gesagt: Dass die Araber und die Moslems 700 Jahre in Spanien regiert haben und dass die Türken bis vor den Toren Wiens angekommen waren, reicht nicht aus, um festzustellen, dass der Islam zur europäischen Identität gehört. Vielmehr muss betrachtet werden, dass im Rahmen der Kolonisation arabischer Länder durch England und Frankreich Völkerströme nach Europa eingewandert sind, die sogar einen aufgeklärten Islam betrieben (Nordafrika, Schwarzafrika, Pakistan/Indien, selbst Bangladesch). Ein weiterer Gesichtspunkt waren die Einwanderungswellen der türkischen Gastarbeiter, auch diese trieben einen relativ aufgeklärten (aus unserer Sicht) Islam nach Europa.

Das Versagen Englands, Frankreichs, Spaniens, Italiens und Deutschlands hinsichtlich der Integration der muslimischen Bevölkerungsteile, sei es durch den Versuch der Assimilation (Frankreich und England), sei es durch einen Kommunitarismus, das heißt, dass man die eingewanderten Moslems in einer Art Ghettoisierung sich selbst überlässt, oder sei es durch das deutsche Modell, das dadurch hervorsticht, dass man die eindeutige Botschaft des

Unwillkommen Seins oder des Aufenthalts auf Zeit propagierte. Dieses hat dazu geführt, dass diese Bevölkerungsteile sich nach Jahrzehnten auf ihre urislamische Identität zurückbesonnen haben. Das intensive Werben von urkonservativen bzw. christenfeindlichen Kräften des Islams, insbesondere der Gülem-Bewegung mit Erdogan in der Türkei sowie das verheerende Wirken der saudi-arabischen und katarisch-kuwaitischen Eliten (Wahabbismus und Salafismus) und ein extrem orientiertes Schiitentum (die islamisch orientierte Revolution im Iran) haben bewirkt, dass Strömungen zur Vermehrung der islamischen Bevölkerung in allen westlich orientierten europäischen Ländern stark an Bedeutung gewonnen haben. Ebenso hat das eindeutige Zur-Schau-Stellen von eindeutigen Merkmalen (insbesondere die Verschleierung der Frauen) in den letzten Jahren sehr stark zugenommen.

Dadurch, dass die Geburtenzahlen dieser Bevölkerungsgruppe gegenüber den christlich-jüdischen Gesellschaften überdurchschnittlich hoch sind, entstand das subjektive und in manchen Bereichen objektive Gesicht einer beginnenden Islamisierung des Abendlandes. Die tatsächlichen Anteile dieser Gruppe, sei es in Frankreich, sei es in England, Spanien, Italien der Schweiz, in Deutschland, Schweden oder Norwegen erreichen kaum 10% der Bevölkerung. Jedoch erzeugen sie durch ihr teils aggressives Auftreten und durch die Ablehnung von europäischen Verfassungen sowie europäischer Werte (z.B. Gleichheit von Mann und Frau) in großen Teilen der europäischen Bevölkerung das Gefühl der und die Angst vor einer

Islamisierung der Gesellschaft. Hierzu trug das falsche Verständnis europäischer Politiker hinsichtlich des Begriffs der Toleranz bei. Insbesondere waren und sind größte Teile dieser Bevölkerungsgruppen schlecht gebildet und kommen aus ländlich geprägten Gegenden und sind der Vielfalt der europäischen Identität bzw. Lebensart gegenüber nicht unbedingt offen. Dazu kommt, dass die teilweise gelebte Auslegung des Islam neben den religiös bedingten Kriterien profunde und tiefgreifende Einschnitte im sozialen Leben bewirkt. Erschwerend kommt hinzu, dass Religion und Staat in islamischen Ländern eine Einheit bilden. Dies steht im Gegensatz zu den europäischen Gesellschaften.

Der Islam hat die Periode einer Aufklärung noch nicht durchlaufen und ist in seiner Auslegung abhängig von selbsternannten Richtern. Weiterhin erschwerend kommt hinzu, dass der Islam und die Gesellschaftsstrukturen der Herkunftsländer ein eindeutiges Realitätsbild haben: schwarz-weiß. Dies lässt sich jedoch mit der europäischen Identität und Lebensart nicht vereinbaren. Dazu kommt das aggressive Auftreten der dritten und vierten Generation der Einwanderer mit einem äußerst starken Willen, sich und ihre Religion gegenüber einer so genannten verweichlichten und dekadenten, christlich-jüdisch orientierten, europäischen Identität/Lebensform abzugrenzen.

Diese Erscheinungen bringen sehr viele Katastrophen-Rufer auf den Plan, die Theorien entwickeln, wonach das Abendland dem Islam ausgeliefert wäre und damit Europa, die europäische Identität und das Christentum als solches auf dem Weg sind, einen Krieg der Kulturen zu verlieren. Diese Meinung teilt der Autor nicht, jedoch muss den eingewanderten Bevölkerungsgruppen eindeutig und unmissverständlich klargemacht werden, dass sie möglicherweise in einem langen und schmerzvollen Prozess Errungenschaften wie die Stellung der Frau, die Teilung zwischen Staat und Religion sowie die Toleranzen gegenüber anderen Religionen zu akzeptieren haben. Leider ist zu vermerken, dass Verbände und politischer Organisationen dieser Bevölkerungsgruppen sich zwar auf Menschenrechte berufen, jedoch die Pflichten einer offenen Gesellschaft ablehnen (trotz Freitag/Sonntags-Reden).

## 7.14  KOMMUNITARISMUS VERSUS ASSIMILATION

Bei der Integration von fremden Bevölkerungen in Europa und weltweit gibt es grundsätzlich zwei Arten, wie sie praktiziert wird. Entweder der Kommunitarismus, das heißt nichts anderes als Bevölkerungsgruppen gleicher Herkunft gleicher Ethnien und gleicher Grundidentität zusammenzuführen und sie nach der Lebensart der Herkunftsländer leben zu lassen unter der Vorschrift, dass allgemeine gesellschaftliche und gesetzliche Regeln befolgt werden. Kommunitarismus findet sich insbesondere in den USA und in England. Die Ur-Identität wird in ihrem Kern nicht angetastet, lediglich eine Zusatzidentität darauf gebaut. Beispielsweise leben die Italiener in den USA im Kern analog wie die Italiener in Italien. Dies beginnt beim

Essen, zieht sich über Kirche und Familienplanung und teilweise gelten sogar zwischen kriminellen Familien die gleichen Vorgehensweisen wie in Sizilien. Analog ist dies für den mexikanischen Teil der US-Bevölkerung auszumachen, oder auch für den irischen Teil. Der kommunitaristische Ansatz hat sichtbare Probleme, wenn es darum geht, zwischen den verschiedenen Kommunitäten Verteilungskämpfe durchzuführen. Es kommt noch dazu, dass aus identitärer Sicht immer irgendwo die Herkunft, das heißt die Zugehörigkeit zu einem Volk, sichtbar ist, auch wenn eine so genannte Ur-Identität vorliegt.

Die Assimilation ist zum anderen das französische Integrationssystem. Sie scheiterte trotz erheblicher Einschränkungen. Eine Lebenslüge der französischen Eliten liegt diesem System zugrunde. In Frankreich ging man Anfang bis Ende des 20. Jahrhunderts davon aus, dass aus einem Algerier, Marokkaner, Tunesier, Senegalesen oder sonstiger Person aus einer Kolonie selbstverständlich ein Franzose, und zwar ein richtiger Franzose, werden kann. Diese Lebenslüge der französischen Eliten entstand aus dem Irrglauben, dass die Attraktivität Franzose zu werden, so groß ist, dass die Einwanderer, insbesondere aus den Kolonialgebieten, sich nach nichts Anderem sehnten, als Franzose zu werden.

Vergessen wurde, dass jeder Einwanderer aus den Kolonien eine Grundidentität besitzt, verbunden mit einer Religion, einer ethnischen Zugehörigkeit, einer gewissen kulturellen Grundlage, wie z.B. Sprache und Musik. Diese Grundlagen werden den Kindern durch die Mütter in den ersten Jahren ihres Lebens beigebracht und sie bleiben für die Ur-Identität unverrückbare Größen. Insbesondere die Verbannung dieser Bevölkerungsteile in Frankreich in Ghettos hat dieser Gruppe von Personen relativ schnell gezeigt, dass sie in Frankreich nicht gewollt, teilweise sogar verhasst waren. Insbesondere in den letzten 50 Jahren hat sich dadurch in diesen Bereichen eine Anti-System-französische Gesellschaft entwickelt, die die Grundlagen der französischen Gesellschaft aufs tiefste verabscheuen und entsprechend ablehnen. Die wenigen Ausnahmen, die ihren Weg in der Gesellschaft gemacht haben, dürfen nicht darüber hinwegtäuschen, dass der soziale Aufstieg dieser Bevölkerungsgruppen immer schlechter möglich wird.

Insoweit hat die Assimilation nach dem französischen Modell ein jähes Ende gefunden. Der Bruch zwischen den „weißen Franzosen" und den Einwanderern wird tagtäglich tiefer. Rassistisch orientierte, politische Parteien bedienen sich dieses Bruchs, um politisch daraus Kapital zu schlagen (France national - insbesondere die Familie Le Pen).

Zusammenfassend muss man feststellen, dass diese beiden Modelle der Integration die Rolle der Ur-Identität von Einwanderern unterschätzt haben und daraus sind zwingend Rückschlüsse für die zukünftige Integration zu ziehen.

## 7.15 EUROPA ALS EINWANDERUNGSKONTINENT

Europa war eigentlich von jeher ein Gebiet der Völkerwanderungen. Seien es die Hunnen, seien es die Araber oder die Goten, die Sachsen, die Normannen oder die Wikinger. Insbesondere seit dem 19. Jahrhundert und mit dem Aufstieg Englands und Frankreichs zu Weltmächten wurden aufgrund der Schaffung von Kolonien Einwanderungen nicht mehr verhindert. Insoweit ist es eine europäische Lebenslüge, wenn viele Staaten den Glauben haben, dass sie keine Einwanderungsländer sind. Dies gilt insbesondere für Deutschland. Aufgrund seiner geographischen Lage war Deutschland seit jeher Durchgangsland für Völkergruppen, sei es von West nach Ost oder umgekehrt. Zudem vergisst ein Teil der Bevölkerung, dass ohne polnische Bergbauarbeiter der Tagebau und die Stahlproduktion an der Ruhr nicht möglich gewesen wären. Nicht zu vergessen ist die Einladung Friedrich I. an die Hugenotten nach Preußen zu kommen. Diese bildeten schon damals einen Teil der „ersten Gastarbeiter".

In neuester Zeit, nach dem Ersten Weltkrieg, kamen viele polnisch-schlesische Gastarbeiter. Ohne diese wäre der Reichtum der Stahlbarone nicht möglich gewesen. Nach dem Zweiten Weltkrieg hätte Deutschland ohne Anwerbung von italienischen, spanischen und portugiesischen, später auch türkischen Gastarbeitern das Wirtschaftswunder nicht erreicht. Allein aufgrund der Verluste des Zweiten Weltkrieges. Das heißt, alle diese Völker, die nach

Deutschland kamen, kamen als Menschen, nicht als Arbeiter und brachten ihre verschiedenen Identitäten mit. Die Einstellung, dass ebendiese Menschen als Arbeiter auf Zeit zu behandeln wären, war von Grund auf falsch. Auch die Annahme, dass diese Menschen sich in Deutschland anpassen müssten und damit freiwillig auf einen Teil ihrer Identität verzichten würden, war ein weiterer Fehler. Konflikte, die zurzeit mit der zweiten und dritten Generation der Gastarbeiter nach dem Zweiten Weltkrieg bestehen, werden uns noch auf lange Zeit beschäftigen.

Die Weigerung der CDU, Deutschland als Einwanderungsland zu akzeptieren, ist für Deutschlands Integrationspolitik eine Katastrophe. Der Versuch, die Realität zu verleugnen, wird die Deutschen noch auf Jahre verfolgen. Die Weigerung der CDU und eines Teils der politischen Klasse, ein Einwanderungsgesetz zu entwerfen, trägt dazu bei, dass kulturelle Auseinandersetzungen mit Zugewanderten vorprogrammiert sind. Das Verleugnen der Notwendigkeit, dass bei einer islamischen Grundidentität andere Maßnahmen notwendig sind als bei einer christlichen, verschärft das Problem. Ein oktroyiertes Mainstreamdenken für eine allgemeine Toleranz, verschärft ebendiese Probleme weiterhin. Insbesondere das hysterische Verhalten von Gutmenschen und Medien während der so genannten Flüchtlingskrise haben auf drastische Weise gezeigt, wie unvorbereitet Deutschland auf Flüchtlingsströme ist. Allein mit „Wir schaffen das" wird diese Problematik nicht gelöst.

Angesichts dessen, dass Deutschland und Europa in den nächsten 30 Jahren ca. 120 Millionen Menschen aufgrund der Altersstruktur und des Mangels an Kindern, insbesondere in Deutschland, verlieren werden, muss davon ausgegangen werden, dass eine Einwanderungspolitik, basierend auf einem Einwanderungsgesetz und Strukturen (Ministerien), notwendiger denn je ist. Angesichts der verheerenden geopolitischen Entwicklung und der Bevölkerungszunahme in Afrika sowie der Ausdehnung der Wüsten und der Ausbeutung des Kontinents durch europäische Mächte sowie der Hoffnungslosigkeit junger afrikanischer Generationen, ist es notwendiger denn je, eine gesamte Einwanderungspolitik zu entwickeln und umzusetzen, verknüpft mit Marshall-Plänen zur Weiterentwicklung Afrikas, sowie gigantischen Bewässerungsprojekten (um aufkommenden Hunger zu mildern). Diese Arbeiten stellen nicht einen Luxus für die europäischen Völker dar, sondern sind eine unabdingbare Voraussetzung für das Überleben Europas. Umso wichtiger ist es, die Facetten einer europäischen Identität klar zu formulieren und den nächsten Generationen beizubringen. Denn wer seine Identität nicht kennt, ist nicht in der Lage kulturelle Auseinandersetzungen durchzustehen. Europa wird sich im Rahmen von geopolitischen Machtkämpfen sowie wirtschaftlichen Verteilungskämpfen auf kulturelle Kämpfe einstellen müssen.

# 8. IDENTITÄT UND GLOBALISIERUNG

## 8.1 VORBEMERKUNGEN

Alle Anhänger der Globalisierung, insbesondere die politische Klasse zwischen 1966 bis heute, haben die Rolle der Identität der Völker bei der Öffnung der Grenzen, der Flexibilisierung der Arbeitswelt, sowie der Völkerwanderungen über die ganze Welt unterschätzt.

Da die Ur-Identität verbunden ist mit einer Sprache, einer Kultur, einer Ethnie, sowie einer fest definierten geographischen Lage, sieht sich heute der größte Teil der Weltbevölkerung konfrontiert mit der Notwendigkeit diese Ur-Identität entweder anzupassen oder eine zusätzliche Identität anzunehmen.

Dies kann und wird auf Dauer nicht ohne Rückschläge möglich sein. Diese Rückschläge können sich teils erst nach Generationen bemerkbar machen. Mit einer so genannten Integration oder Assimilation werden diese Identitätskrisen nicht beigelegt werden können. Denn die ausgewanderten Völker werden stets ihre ursprüngliche Kultur, Sprache und Religion an die nachfolgende Generation weitergeben. Dies stellt eines der größten Probleme dar, welches heute weder erkannt noch in seinem wahren Ausmaß durch die heutige Schmalspursoziologie -philosophie und -ökonomie erforscht wurde. Dies könnte im schlimmsten Fall die gesamte Globalisierung zum Scheitern bringen. Im Folgenden versucht der Autor die Rolle der Identität bei der

Globalisierung darzustellen sowie mögliche Lösungsansätze zu bieten, ohne jedoch den Anspruch der Vollständigkeit zu erheben.

## 8.2  DIE UNTERSCHÄTZTE ROLLE DER IDENTITÄT BEI DER GLOBALISIERUNG

Bei der Globalisierung steht vor allem entweder die Übertragung von Produktionsstätten von einem zu einem anderem Land im Mittelpunkt oder die Völkerbewegungen und damit Kulturbewegungen zwischen verschiedenen Ländern. Diese Migration hat zur Folge, dass größte Teile der Bevölkerung aus den Ursprungsländern ihre Lebensgrundlage verlieren. Sie müssen sich mit anderen Kulturen, anderen Sprachen, anderen Lebenssitten und anderen Religionen auseinandersetzen.

Die verheerende Folge der politischen Klasse, von Gutmenschen und von Medien mit einem oktroyierten Toleranzbegriff ist die Tatsache, dass sie beim betroffenen Teil der Bevölkerung sehr oft das Gefühl des Verloren Seins auslöst. Selbst dann, wenn diese „fremden" Identitäten einen relativ geringen Anteil an der Bevölkerung haben, so empfinden die „uransässigen" Identitäten ein Bedrohungsgefühl der Unsicherheit für den Bestand ihrer Urkultur bzw. ihrer Ur-Identität. Diese Bedrohungsgefühle sind umso stärker, je kultur- (sprachen-, religions-) fremder die neuen Bürger auf die alt eingesessenen Bevölkerungsteile wirken. Dies wird zurzeit vor allem durch muslimische, afrikanische und asiatische Bevölkerungsschichten ausgelöst. Dies wird umso schlimmer, wenn diese eingewanderten Bevölkerungsschichten gleichzeitig die soziale Unterschicht in deren Herkunftsländer darstellen. Diese Urängste können durchaus mittelfristig und langfristig dazu führen, dass eine tiefe Spaltung der Gesellschaft entsteht. Diese Ur- und „Anpassungsängste" der Ur-Identität können auf Dauer durchaus rassistische und autokratische Bewegungen auslösen. Indem dieser Teil der ursprünglichen Bevölkerung diese Einwanderungssysteme ablehnt und die politischen, wirtschaftlichen und kulturellen Teile als ein Gesamtsystem ansieht, wird die Kommunikation zwischen Eliten des Staates und diesem Teil dieser Bevölkerung unmöglich gemacht.

Wenn diese subjektiven oder möglicherweise real begründeten Ängste nicht wahrgenommen und berücksichtigt werden, so könnte dies zu der Entstehung von anti-politischen Systemen beitragen. Dies ist leider zurzeit in Europa, sei es in Ungarn, in Polen, in Tschechien, sei es in der Slowakei, sei es in Slowenien, sei es in Frankreich, sei es in England, sei es in Belgien, in Holland, in Dänemark, in Norwegen, in Schweden, in Finnland und selbst in Deutschland zu erkennen. Der hilflose Versuch von durch Politik und Wirtschaft gesteuerten Medien, pseudoargumentative Gegenpositionen aufzubauen, läuft ins Leere, denn sie werden als Teil des Systems, welcher den Schaden verursacht hat, wahrgenommen. Dadurch werden sie grundsätzlich nicht mehr wahrgenommen.

Es sind nicht immer die Verlierer der Globalisierung, die sich diesen Anti-System-Bewegungen anschließen, sondern durchaus auch ein Teil der Gewinner. Die Weigerung der herrschenden politischen Klasse, der Medien und der Wirtschaft zu erkennen, dass für diesen Teil der Bevölkerung Ängste hinsichtlich Verlust oder Veränderung der für sie wichtigen Ur-Identität existieren, stellt das größte Problem für die Entwicklung und den Zusammenhalt einer Demokratie dar, denn alle diese Systeme streben der Abkehr von der Globalisierung an, sei es mit sofortigen drastischen Maßnahmen (Trumps Mauerbau vor Mexiko), sei es durch längerfristigen Abbau von Grundrechten, wie sich beispielsweise in Ungarn zeigt.

Beispielhaft für diese Entwicklung ist die USA mit den Wahlen Donald Trumps zum Präsidenten. Nicht alle Wähler von Trump waren und sind Verlierer der Globalisierung. Der größte Teil dieser Wähler hat schlicht und einfach die Angst der zahlenmäßigen Überrundung durch mexikanische Einwohner der USA oder anders-kulturellen Teilen der Gesellschaft. Ein weiteres Beispiel für die Zustimmung der Politik von Trump für die Ablehnung des Islam stellt dar, dass ein großer Teil seiner Wähler im festen Glauben ist, dass vom Islam und von Moslems nur Probleme ausgehen und dass jeder einreisende Moslem ein zusätzliches Sicherheitsproblem für die USA ist.

## 8.3 DIE SCHATTEN, WELCHE DIE GLOBALISIERUNG AUF DIE IDENTITÄT WIRFT

Bei der Globalisierung werden in erster Instanz Produktionsfaktoren von den so genannten entwickelten reichen Ländern in den ärmeren Teil der Welt transferiert. Dadurch verliert ein großer Teil der Bevölkerung in jedem entwickelten Land seinen Arbeitsplatz. Mit dem Verlust des Arbeitsplatzes geht in allen Ländern ein realer oder gefühlter sozialer Abstieg einher. Dadurch werden per se diese ständigen Verlagerungen von Arbeitsplätzen als eine Art Casino-Kapitalismus angesehen. Mit der Wiedererstarkung der Exportfähigkeit von sich entwickelnden Ländern wie China, Indien, usw. entsteht zusätzlich das Gefühl, dass die gesamte wirtschaftliche Grundlage des Landes verloren geht. Schmalspur-Ökonomen versuchen diese Massen glauben zu lassen, dass das gesamte Problem durch einfache Grenzziehungen von selbst gelöst wird.

Diese Sicht auf die Zusammenhänge beinhaltet zwar einen Teil Wahrheiten, denn gerade diese Länder wollen exportieren, sie verhindert aber mit allen möglichen Verwaltungsaufwänden möglichst jeden Import. Das heißt, dieser Teil der Bevölkerung sieht sich als Verlierer. Wenn gleichzeitig die Elite des Landes sich bereichert durch Kapitalmanipulationen, so steigert sich die Wut dieser Teil der Bevölkerung bis zur Ablehnung des gesamten politischen Systems und damit der Demokratie. Parallel dazu entstehen in diesem Teil der Bevölkerung Zweifel und

Infragestellung der Identität. Dieses identitäre Problem verschärft die Ablehnung des politischen Systems und fördert den Glauben an „faktische" Informationen, die ihren Weg unkontrolliert durch das Internet machen. Diese sozialen und gesellschaftlichen Probleme werden jedoch von politischen, medialen und wirtschaftlichen Eliten entweder verleugnet, gar nicht erst wahrgenommen oder ignoriert. Dies kann jedoch auf Dauer ein äußerst gefährlicher Sprengsatz für die entwickelten Länder sein. Denn Toleranz, Vielfalt, Offenheit, Rechtsstaatlichkeit und demokratisches Verhalten werden abgelehnt und der Ruf nach einem starken „Führer", der mit dieser gesamten Bande aufräumt, wird laut. Dieser Umstand wurde beispielsweise von Trump gegenüber der „Washington-Elite" verbreitet und hat dazu beigetragen, dass er die Wahl gewann. Es ist sehr wichtig die realen und gefühlsbedingten Schatten zu hören, sie zu analysieren und ernst zu nehmen. Denn es geht in diesem Belang nicht um die Bewertung von realen Tatsachen, sondern um gefühlte Zustände der Bevölkerung, die diesbezüglich wichtiger und entscheidend für demokratische Prozesse sind.

## 8.4    DIE CHANCEN DER GLOBALISIERUNG FÜR DIE IDENTITÄT

Auch hier haben es die Befürworter der Globalisierung verpasst, die realen, subjektiven und gefühlten Mehrwerte der Globalisierung für die gesamte Bevölkerung eines

Landes klarzumachen. Insbesondere hat diese Elite den Versuch unternommen, der Bevölkerung durch eine Pseudoindoktrination angeblicher Menschlichkeit Werte anzupreisen. Dies ist aufgrund einer dilettantischen Umsetzung gescheitert. Die Vernachlässigung klarer an der Identität orientierten Regeln der Einwanderungsländer hat dazu beigetragen, dass große Teile der Einwanderer lediglich den Standort ihres Lebens verändert haben, ohne jedoch ihre Identität und damit Verhaltensweisen geändert oder angepasst zu haben.

Da grundsätzlich die Eliten diese Fehlentwicklungen weder deutlich aussprechen, noch der sichtbare Versuch unternommen wird, dies zu mildern, entsteht bei der Urbevölkerung das Gefühl, dass Globalisierung keinerlei Chancen für sie beinhaltet. Im Gegenteil: Sie kostet Geld, da sehr oft die Staaten hohe Aufwendungen zu einer theoretisch angedachten Integration benötigen. Wenn gleichzeitig sinkende Zuwendungen zulasten der Urbevölkerung mit diesem Umstand verbunden sind, so darf es nicht verwundern, wenn größte Teile der Bevölkerung sich als Verlierer der Globalisierung ansehen.

Das Argument der Globalisierungs-Befürworter, dass die restlichen Arbeitsplätze sicherer geworden sind, sowie dass ein zu verteilender Zuwachs an Reichtum existiert, ist für diesen Teil der Bevölkerung nicht glaubwürdig und wird somit in Frage gestellt. Wenn gleichzeitig für Teile dieser Bevölkerung die Volatilität, das heißt die fehlende Ortsgebundenheit des Kapitals, sichtbar wird, so steigert dieses die Ablehnung aufoktroyierter Entscheidungen und Ansichten, die ihre Uridentität, sei es real, sei es subjektiv, ändern könnte. Das Argument sich frei zu bewegen und weltweit Urlaub machen zu können, wirkt nur kurzfristig. Wenn die Eliten die Toleranz zu Staatsdoktrin ausrufen, bewirkt dies bei großen Teilen der Bevölkerung nur „kalten" Widerspruch und Ablehnung. Daher darf es nicht verwunderlich sein, dass der Nationalismus und die Autokratie sich in den letzten drei Jahren wie ein Lauffeuer, sei es in Europa oder in der Welt, verbreitet hat. Damit haben die Befürworter der Globalisierung die reale Chance der Weltoffenheit zunichtegemacht.

## 8.5   PROBLEME DER IDENTITÄTSSTABILISIERUNG DURCH POLITIK UND WIRTSCHAFT

Zu der Identität einer Gesellschaft gehört es, dass feste Bekenntnisse zu einem geographisch definierten Land, seiner Sprache, seiner Musik und seiner „gesamten Geschichte" akzeptiert werden. Die verheerende Entwicklung im Deutschland der letzten zwölf Jahre ist das Propagieren, dass es richtig ist, sich nicht zu etwas zu bekennen und sich stattdessen durchzumogeln, um ein Ziel zu erreichen. Das ständige Predigen falscher Toleranzbegriffe hat dazu geführt, dass das Bekenntnis zu einer deutschen Identität immer schwieriger wird, denn das propagierte Hauptkriterium der deutschen Identität kennzeichnet sich durch Exportüberschüsse oder die Zeit des Nationalsozialismus. Kulturelle Highlights wurden insbesondere in den letzten zwölf Jahren aufs sträflichste vernachlässigt. Insbesondere wurde Angela Merkel eine sogenannte Macht angedichtet, die bei genauerer Betrachtung jeder Grundlage entbehrt. Diese Personifizierung und Anpreisung der „alternativlosen" Kanzlerin und ihrer dazugehörenden Propaganda führt dazu, dass ein reales Bekenntnis zu einer deutschen Identität nicht mehr existiert. Angesichts des ständigen Werbens der Eliten, Medien und politischen Klassen um Minderheiten, sei es sexueller Art, sei es der Herkunft und der Religion nach geordnet, führte dazu, dass ein großer Teil der Bevölkerung sich nicht mehr wahrgenommen fühlt.

Angesichts dieser Fehlentwicklung sind das Umsteuern und die Einführung von kollektiven Maßnahmen unabdingbar notwendig zur Wahrung zukünftiger demokratischer Prozesse. Nach historischen Erkenntnissen ist der Nationalsozialismus durch eine Mittelschicht, die sich in ihren Interessen durch die politische Klasse und die Medien nicht mehr vertreten sah, erstarkt und an die Macht gekommen. Insbesondere das stetige Negieren ähnlicher Prozesse in heutigen europäischen Ländern und der Welt verschärft dieses Problem. Ein Teil der heutigen Medien trägt durch mehr oder weniger manipulierte Aussagen zum Wahlverhalten zu einer trügerischen Ruhe bei. Es ist zu erwarten, dass ein Teil der Wähler bei diesen Befragungen nicht mehr seine wahren Entscheidungen preisgibt. Insoweit stellen diese Daten eine pseudoverlässliche Quelle der Lage Deutschlands dar. Dies ist übrigens in England beim Brexit vorgekommen, in dem alle Meinungsforschungsinstitute einen Sieg der Europabefürworter prophezeiten und negierten, dass ein größter Teil der Bevölkerung für den Brexit war. Ein ähnlicher Prozess könnte auch 2017 in den Wahlen Deutschlands denkbar sein.

Das Heuchlerische daran ist, dass nach Eintreten solcher Katastrophen die Akteure, die sie heraufbeschworen haben, von ihren Fehlern nichts mehr wissen. Der Preis, der aufgrund dieser Fehler sowohl für das Land als auch die Bevölkerung zu tragen ist, zu hoch.

Wenn man einen Ausblick von Beginn des Jahres 2017 auf die Entwicklung der deutschen und europäischen Identität im Hinblick auf die Globalisierung formuliert, unterscheidet der Autor zwei Szenarien.

1. Erstes Szenario: Wenn die Globalisierung zum Erfolg führt

In diesem Fall, dass Bevölkerungsströme unkontrolliert und willkürlich in Europa und in Deutschland einwandern, muss man davon ausgehen, dass sich zwei Tendenzen abzeichnen. Ein Teil der Bevölkerung wird sich insoweit radikalisieren, weil sie Angst hat, ihre alleinstehenden Merkmale einer deutschen Identität zu verlieren. Sich über Export(Leistungsbilanz) Überschüsse und den Holocaust zu definieren reicht nicht aus. Die Merkmale der deutschen Identität im Sinne der bismarckschen und wilhelminischen Sicht werden von den heutigen Medien nicht mehr vertreten. Daher wendet sich ein Teil der Bevölkerung von den politischen, medialen und kulturellen Systemen des heutigen Deutschlands ab. Sie wird ihre eigene Welt (sei es real, sei es postfaktisch), ihre eigene Kommunikation, ihre eigenen Medien, ihre eigenen Wahrheiten entwickeln und eine reale oder nicht reale Trennung vom Rest der Bevölkerung vollziehen.

Der Rest der Gesellschaft wird möglicherweise in das andere Extrem umschwenken: Weltoffenheit könnte zur Doktrin werden. Multikulturelle Bestimmungsfaktoren würden hervorgerufen, die Eindeutigkeit der Identität würde verloren gehen, sodass sowohl Sprache, Religion und Kultur eine Mischung von verschiedenen Kulturen zu werden droht. Das unkritische Festhalten an den heutigen, politischen Systemen ohne korrektive Maßnahmen durchzuführen, wird das Aufkommen eines autokratischen Systems, sei es kurzfristig oder längerfristig, zur Folge haben.

2. Szenario: Wenn die Globalisierung die Mehrheit der Völker zu Verlierern macht

Für den Fall, dass aufgrund europäischer Entwicklungen und geopolitischer Umstände, beispielsweise durch die USA, Russland, die Türkei oder China, die Globalisierung ernsthaft verändert wird, so dass das Aufkommen von Nationalstaaten im Vordergrund stünde, sei es kurzfristig oder langfristig, könnte dies dazu beitragen, dass in Deutschland Auseinandersetzungen größten Ausmaßes zwischen Mehrheiten und Minderheiten des Volkes stattfinden. Dies könnte darin gipfeln, dass Minderheiten, sei es aufgrund ihrer Herkunft, sei es aufgrund ihrer Religion, mehr denn je gehasst und benachteiligt werden. Die Ursachen für diese Entwicklung jedoch liegen in den letzten 30 Jahre, insbesondere in den letzten 12 Jahren der deutschen Politik. Das ständige Streben nach Exportüberschüssen gegenüber Nachbarn und Alliierten sowie eine oktroyierte und falsch verstandene Toleranz gegenüber anderen Völkern, auch wenn diese intolerant sind, wird dazu führen, dass analog wie in unseren Nachbarländern Entwicklungen hin zu gesteigertem Nationalismus nicht nur im positiven Sinne stattfinden (Front National in Frankreich, Urban in Ungarn, Geert Wilders in den Niederlanden, usw.).

Es ist daher unumgänglich, dass Deutschland eine revidierte wirtschaftspolitische Entwicklung vollzieht und dass endlich mit der Schaffung eines Einwanderungsgesetzes und entsprechender Einwanderungspolitik dafür Sorge getragen wird, dass sich zumindest die Einwanderer gewisse Facetten der deutschen Identität aneignen. Der Begriff der Menschenrechte muss angesichts der dramatischen Entwicklungen in Europa und in der Welt neu definiert werden. Es ist notwendig, dass das Grundgesetz anhand heutiger Anforderungen angepasst wird. Es ist außerdem notwendig, dass der Rechtsstaat sich neu erfindet. Der Luxus der heutigen Rechtsstaatlichkeit wird nicht auf Dauer von Bestand sein können, denn die Aufwendungen sind nicht tragbar. Um jedoch diese Errungenschaften der Rechtsstaatlichkeit, die auch eine Facette der deutschen

Identität sein sollte, zu erwirken, muss auf einem realistischen und annehmbaren Niveau Anpassung erfolgen.

Die alleinstehenden Merkmale der deutschen Identität müssen verstärkt werden, um möglichen kulturellen Auseinandersetzungen standzuhalten. Es ist beunruhigend zu sehen, dass bei einem Teil der deutschen Jugend, wenn sie sich im Ausland befindet, gewisse Symptome der Unsicherheit im Hinblick auf ihre Identität existieren. Es ist äußerst wichtig, dass in Familien, in Schulen und von der Elite die deutsche Identität in ihren gesamten Facetten und mit Elementen der gesamten Geschichte widergespiegelt wird. Es muss unabdingbar sein, dass der Anteil der in Rundfunk und Fernsehen ausgestrahlten Beiträge europäischer bzw. deutscher Produktionen größer wird. Es ist außerdem sehr wichtig, dass die deutschen Medien sich endlich um vermehrte Beiträge und Berichte über unsere europäischen Nachbarn bemühen.

Denn wenn wir in der weltpolitischen Konstellation auch als Europäer angesehen werden wollen, so muss ein Minimum an Kenntnissen über kulturelle, sprachliche, geschichtliche oder politische Entwicklungen unserer Nachbarn bekannt sein. Dies vermisst der Autor schmerzlich. Insbesondere in den letzten zwölf Jahren wurde der Anteil der Beiträge und Berichte über unsere Nachbarn kontinuierlich reduziert.

# 9. IDENTITÄT, MIGRATION UND INTEGRATION

## 9.1 VORWORT

Betrachtet man Migrationsströme über einen längerfristigen Zeitraum hinweg, so wird ersichtlich, dass die Rolle der Ur-Identität der Völker irgendwie eine wichtige Rolle spielt, sei es bei kommunitaristischen Arten von Migration und Integration, sei es im Falle von Assimilationen der Völker, sei es der „Sonderweg der Deutschen". Es ist erstaunlich, dass bis heute Historiker, Soziologen, Philosophen und Ökonomen diese Gesichtspunkte unbeachtet ließen oder deren Auswirkung auf die gesellschaftlichen und sozialen Entwicklungen der Einwanderungsländer als nicht wichtig ansahen. Die Identität und somit ein Teil der Kultur der Migranten bestimmt bis heute einen Teil des Lebens, sei es in den USA, sei es in Kanada, sei es in Südamerika (die Auswanderung von Altnazigrößen), sei es in Südafrika, sei es in Frankreich, sei es in England, sei es in Spanien und Portugal.

Ein Teil der Ur-Identität dieser Migranten ist nach mehreren Generationen immer noch lebendig und bestimmt Denken und Handeln von Teilen dieser Bevölkerung. Lebensarten, Glauben, ein Teil der Kultur (wesentliche Teile einer Identität) werden heute mehr denn je in allen Einwanderungsländern sichtbar. Eliten wundern sich, dass virulente Bekenntnisse dieser Identitäten in der dritten, vierten und fünften Generation der Migranten (sei es

Glaube, sei es die Rolle der Frau, usw.) sichtbar sind. Die geistige Elite der Einwanderungsländer verdrängt den Prozess, dass die Grundidentitäten im Kindesalter von der Familie und insbesondere Mutter und Vater mitgegeben werden. Die türkischen Einwanderer in Deutschland, die marokkanischen Einwanderer in Frankreich, Belgien oder Holland und die pakistanischen Einwanderer in England bringen ihren Kindern erst einmal die so genannte Muttersprache bei, die sich sehr oft von der Sprache des Einwanderungslandes unterscheidet. Sie bestimmen die Zugehörigkeit zur Religion. Insbesondere der Islam bestimmt zum größten Teil die Identität eines Menschen. Dadurch werden diese Kinder in einem Zwiespalt zwischen ihrer Ur-Identität und einer „quasi-angenommenen" Identität aufwachsen. Dies kann auf Dauer nur in sozialen Problemen gipfeln.

Es ist daher notwendig die Rolle dieser verschiedenen Identitäten genauer zu untersuchen und Lösungen herbeizuführen, um zu einem Ausgleich zwischen der Uridentität und der „angenommen Identität" zu gelangen. Forscher im Bereich der Soziologie sehen in vielen Einwanderungsländern einen Kulturkampf letztendlich als unausweichlich an.

## 9.2 IDENTITÄT UND MIGRATION

Betrachtet man alle Länder der Welt, die als Auswanderungsländer gekennzeichnet werden, so sind folgende Kriterien übereinstimmend:

- Alle auswanderungswilligen Bevölkerungsschichten kommen sehr oft aus niedrigen sozialen Schichten.
- Ein großer Teil dieser Bevölkerungsschichten ist nicht gut ausgebildet.
- Alle diese Schichten kommen aus ärmeren geographischen Lagern ihres Ursprungslandes, sehr oft aus ländlichen Gebieten, in denen die Religion und der Dorfvorsteher maßgebender Kompass für das allgemeine Verhalten sind.
- Alle diese Bevölkerungsschichten sind mit einem enau definiertem Schwarz-Weiß-Weltbild behaftet (insbesondere gilt dies für die islamische Welt).
- Alle diese Bevölkerungsschichten haben ein urtraditionelles/erzkonservatives Frauenbild. Zudem stellt die Rolle der Frau insbesondere bei islamischen Gesellschaften ein entgegengesetztes Verständnis zu dem Frauenbild in den Einwanderungsländern dar.
- Alle diese Bevölkerungsschichten haben eine traditionell enge Verbindung zu den Traditionen ihres Ursprungslandes. Dies wird insbesondere bei Einwanderern deutlich, die aus rein wirtschaftlichen Aspekten eingewandert sind.
- Für politische Einwanderer wird neben ihren Verbindungen zu ihrer Muttersprache, ihren

Traditionen, ihren Religionen auch ihre urkulturelle Identität eine Rolle spielen. Dies ist umso mehr wichtig, wenn die Identität, Kultur und Tradition des Einwanderungslandes **zu unterschiedlich** zum Herkunftsland ist

Fazit:

Daher ist es notwendig, dass ein Migrationskonzept erstellt wird, das alle oben genannten Gesichtspunkte berücksichtigt und die legale Migration von kulturverwandten Gesellschaften fördert. Das wird weniger Anpassungen, Brüchen und kulturellen Auseinandersetzungen und damit gesellschaftlichen Auseinandersetzungen zur Folge haben.

## 9.2.1  DIE ROLLE DER GRUNDIDENTITÄT IN DER MIGRATIONSPOLITIK

Die erste Lebenslüge der Politik und der deutschen Gesellschaft bestand aus der Ablehnung zu erkennen, dass Deutschland von je her ein Einwanderungsland ist. Dies war bei den Römern so, über die Völkerwanderung zwischen Ost- und Westeuropa, die Einwanderung von polnischen Kohle- und Stahlarbeitern und in der Neuzeit die Einwanderung aus Spanien, Italien, Portugal und der Türkei. Diese Lebenslüge, vor allem bei der Nachkriegsgeneration, die die Einwanderer lediglich als Gastarbeiter ansah, hat zu Folge, dass größte Teile der eingewanderten

Bevölkerungsteile sich selbst überlassen wurden ("Die fahren ja wieder nach Hause. Das ist nur eine vorübergehende Entscheidung"). Mit dem Sich-selbst-Überlassen dieser Gruppe hat man verleugnet, dass jeder Teil dieser Bevölkerungsgruppe mit einer eigenen Identität nach Deutschland kam, dass manche dieser Gruppen sich der deutschen Identität mehr angenähert haben (Italiener, Spanier, Portugiesen, Griechen, Iraner) und ein großer Teil dieser Bevölkerungsgruppe sich noch mehr entfremdet hat.

Dies gilt insbesondere für den türkischen oder arabischen Teil. Denn dort hat weder die Politik noch die Elite erkannt, dass ein Bestimmungsfaktor der Identität auf einer gewissen Auslegung des Islam basiert, sowie der sozialen Herkunft dieser Bevölkerungsgruppe und die damit verbunden eine strikte Hierarchie der Gebote und Verbote praktizierte. Dieser Bevölkerungsteil hat nur widerwillig begonnen die Sprache des Einwanderungslandes zu lernen und ihren Kindern nur zum Teil weitergegeben (eine Minderheit dieser Bevölkerungsgruppe erreichte dies jedoch). Mit dem Bekenntniß zu der Türkei trägt diese Minderheit sehr starke identitäre Verbindungen zu ihrem Herkunftsland und wird dies über mehrere Generationen nicht ablegen. Es ist zu erwarten, dass Mütter und Väter ihren Kleinkindern erst die türkische Sprache beibringen, dann die Grundregeln des Islam, dann türkische Traditionen und dann kurz vor der Schule oder KiTa Sprachen und Gepflogenheiten des Einwanderungslandes.

Sehr oft stehen jedoch zwischen türkischer Ursprungsidentität und deutschen Anforderungen gravierende und nicht überbrückbare Unterschiede. Daher tragen sehr viele dieser jungen Leute stets Auseinandersetzungen zwischen diesen beiden Welten aus.

Es ist daher für die Gesellschaft ehrlicher und möglicherweise einfacher anzuerkennen, dass die Fehler der Vergangenheit nicht mit dem Zwang zu einer Assimilation beantwortet werden können. Die Formulierung und Umsetzung von Grundregeln des Zusammenlebens wird jedoch die Gesellschaft noch viel Mühe kosten und wird verbunden sein mit erheblichen Rückschlägen.

## 9.2.2 AUFKOMMENDE PROBLEME DER MIGRATION

Mit der Nicht-Übereinstimmung von Ur-Identitäten der Migranten und dem aufgezwungenen Annehmen von einer teilweise erheblich fremden Identität, die den einzelnen in manchen Fällen zum Verleugnen der Ur-Identität zwingt, könnte ein latenter Hass bzw. eine Ablehnung unserer Gesellschaft entstehen. Diese Problematiken können nicht häufig genug aufgezeigt und vor allem den Gutmenschen vor Augen geführt werden, denn die Lösung dieser Probleme wird sehr viel Kraft binden.

Zusätzlich zu diesen Problemen durch die Einwanderung als solcher und der Eingewanderten, entsteht eine „geglaubte"

Veränderung der Identität der „Ureinwohner" eines Einwanderungslandes.

Bei vielen „Ureinwohnern" entsteht der subjektive oder objektive Eindruck, dass durch diese fremdartigen Identitäten (Sprache, Glauben, Traditionen) sie sich „nicht mehr zu Hause fühlen" können. Dies ist nichts anderes als die Urangst, seine Identität zu verlieren und damit seine feste Verankerung. Diese Angst wird jedoch von größten Teilen der heutigen „pseudo-geistigen" Elite (ein Teil der heutigen politischen Klasse, Medien, Kunst, Gutmenschen) nicht ernst genommen und ins Lächerliche gezogen. Besonders schmerzhaft für diesen Teil der Bevölkerung sind die Vorwürfe dieser elitären Klasse von Rassismus bzw. der Nähe zum Rassismus.

Dies ist höchstgefährlich für jede Gesellschaft, denn damit wird die Zementierung des Bruchs der Gesellschaft einhergehen. Dann dürften die Gesellschaft und die politische Klasse sich nicht wundern, wenn Anti-System politische Kräfte entstehen und damit die Renaissance/Wiedergeburt eines negativen Nationalismus mit allen seinen Konsequenzen. Dies kann man zurzeit in den USA beobachten, wo die „weiße" Mittelklasse, insbesondere die ländliche, sich aus einer Angst heraus ihre Machtposition und Stellung in der Gesellschaft (in Bezug auf ihren sinkenden Bevölkerungsanteil im Vergleich zur mexikanischen Bevölkerungsgruppe) und damit die prägenden Elemente der amerikanischen Identität zu verlieren, eine „revolutionäre" Machtkonstellation

ausgewählt hat (Trumps neue, politische Bewegung).
Ähnliche politische Bewegungen befinden sich in Europa im
Aufbau.


## 9.2.3 ERKENNTNISSE ÜBER DIE ROLLE DER IDENTITÄT BEI DER MIGRATION

Es ist unabdingbar, kurz- bis mittelfristig ein gründliches
Migrationskonzept mit einer Migrationsorganisation
(idealerweise ein Migrationsministerium) zu entwickeln.
Denn angesichts der weltweiten Migrationsbewegung und
deren Zunahme ist ein unkontrollierbarer Zufluss von
Menschenmassen in den europäischen Staaten nicht mehr
abzuwenden.

Gleichzeitig und angesichts der schrumpfenden
Bevölkerungszahlen Europas und insbesondere
Deutschlands, muss diese Aufgabe von der Politik als
dringend und strategisch behandelt werden. Jahrelange
Diskussionen und Verschiebungen dieser Probleme können
nur in einer Katastrophe enden. Diese Probleme werden auf
kurz oder lang die politische Klasse und die geistige Elite
dazu zwingen, Lösungen zu entwickeln. Je länger diese
Lösungen nicht angedacht werden, desto teurer werden sie
werden, teurer für die politische Klasse, teurer für die
geistige Elite und teurer für die gesamte
deutsche/europäische Bevölkerung. Bei dieser Entwicklung
scheint es dem Autor als unabdingbar notwendig, Klärungen
zur eigenen Identität grundfest zu machen. Es ist außerdem

notwendig, dass für die Neuankömmlinge vereinfachte Grundregeln als Grundvoraussetzung für ihren Aufenthalt gemacht werden. Die Forderung „sie sollen sich an das Grundgesetz halten", ist weder realistisch noch anwendbar. Ein großer Teil dieser Bevölkerungen hat die größte Zeit ihres Lebens nicht in Demokratien gelebt; allein ihnen ein demokratisches Verhalten beizubringen, wird genug Kräfte kosten,

## 9.2.4 ERWARTUNGEN

Bei kritischer Betrachtung der Gesamtzusammenhänge hinsichtlich der Bewertung von Identität im Zusammenhang mit Migration sieht der Autor pessimistisch in die Zukunft. Denn sehr oft verhindern die heutige politische Klasse und die Abneigung gegenüber einem kritischen Denken und einem kritischen Nachdenken über vergangene Fehler das Entstehen eines zukunftsorientierten Konzepts der Migration, welches die Ur-Identitäten berücksichtigt.

## 9.3   IDENTITÄT UND INTEGRATION

Die Identitätsproblematik spielt eine maßgebende Rolle bei der Integration von Einwanderern. Bisher wurde jedoch dieser Gesichtspunkt stets vernachlässigt. Staat und Eliten wundern sich jedoch, dass Einwanderer der dritten und vierten Generation einen Rückzug zu ihrer Ur-Identität finden. Sie sind erstaunt, dass diese Generationen weniger und kritischer zur Identität der neuen Heimat stehen und versuchen alle Pseudo-Gründe anzuführen, um dies zu erklären.


### 9.3.1 LEBENSLÜGE DER BISHER PROPAGIERTEN INTEGRATION

Mit einer Pseudo-Integration in Deutschland wurden die „Gastarbeiter" mehr oder weniger sich selbst überlassen, da man immer im Glauben war, dass diese eingewanderten Bevölkerungsgruppen lediglich wenige Jahre bleiben würden. Und da man glaubte, es kämen nur Arbeiter, ignorierte man, dass Menschen kamen. Menschen, die kamen, hatten im Grunde erst einmal eine Identität und mussten sich teilweise gezwungenermaßen eine Zusatzidentität zulegen oder einen Teil ihrer Identität ändern. Die Lebenslüge der politischen Klasse und eines Teils der Gesellschaft bzw. der Eliten war es zu glauben (insbesondere in neuerer Zeit), dass dies freiwillig geschehen ist. Betrachtet man die Gesamtstrukturen der Einwanderer in Deutschland nach dem Krieg, so muss man feststellen, dass der größte Teil dieser Bevölkerungsgruppe aus wirtschaftlicher Not nach Deutschland eingewandert ist oder im Rahmen einer Arbeitsaufnahme. Ein kleinerer Teil wurde zur Ausbildung (Universität) nach Deutschland gebracht und selbst davon ist der größte Teil nach Abschluss der Ausbildung geblieben. Alle diese Bevölkerungsteile haben, direkt oder indirekt, zu spüren bekommen, dass sie aus einer unwillkommenen Kultur stammen. Dies hat bei einem großen Teil dieser Bevölkerungsgruppe einen so genannten „psychologischen Widerstand" ausgelöst, der sich darin zeigt, dass sie an ihrer Ur-Identität (Sprache, Glaube, Tradition, Verhaltensweisen) mehr denn je festhalten. Die Anzahl der Mischehen zwischen einem „fremden" Teil der Bevölkerung und den Einheimischen war stets überschaubar. So, dass die Verwässerung der Ur-Identität bei großen Teilen der eingewanderten Bevölkerung relativ gering blieb.

## 9.3.2 AUFKOMMENDE PROBLEME DER INTEGRATION

Insbesondere der türkische Anteil der Bevölkerung gab für die nächste Generation und diese wiederum für die nächste stets den größten Teil dieser Uridentität weiter. Angesichts einer von der Politik mehr oder weniger geduldeten Pseudo-Ghettoisierung hat man erreicht, dass der größte Teil der Einwanderer sich immer mehr auf ihre Ur-Identität zurückbesonnen hat, das heißt, trotz 60 Jahren Aufenthalt in Deutschland spricht der größte Teil der türkischen Bevölkerungsgruppe schlecht Deutsch, sieht türkisches Fernsehen, nimmt türkische Werte und den türkisch-propagierten Islam (DTIP) an und sieht de facto Erdogan als ihren politischen Führer an. Der größte Teil dieser Bevölkerungen hat jedoch einen deutschen Pass. Sie sind zwar formell Deutsche, fühlen sich aber türkisch.

### 9.3.3 NOTWENDIGE ERKENNTNISSE ÜBER DIE ROLLE DER IDENTITÄT BEI DER INTEGRATION

Dies ist nichts anderes, als das praktische Ergebnis der Lebenslüge der deutschen Integrationspolitik. Wenn es sie überhaupt gäbe. Es muss endlich kurzfristig ein Konzept zur Migration und Integration erstellt werden. Dieses Konzept muss unabdingbar die politisch notwendige Organisation erhalten (Ministerium für Migration und Integration) mit einem jährlich notwendigen finanziellen Rahmen, damit eine „relative" Integration erreicht wird.

Es ist notwendig, dass klare Regeln zur Vergabe der deutschen Staatsbürgerschaft existieren, damit die betroffene Bevölkerungsgruppe sich für eine Identität entscheidet. Der ständige innere Konflikt zwischen zwei Identitäten mit ihren jeweiligen Anforderungen kann auf Dauer für die Beteiligten nur vernichtend sein. Diese Konflikte zehren an der Kraft und dem Willen zum Zusammenleben. Das beste Beispiel dafür sind die No-Go-Areas in Deutschland und die Probleme der Jugend in den Banlieues in Frankeich. Diese identitären Probleme bei der Integration können dazu führen, dass sich bei einem großen Teil der Bevölkerung die Erkenntnis durchsetzt, dass „die sich nicht integrieren wollen". Bei der Zunahme von Anti-System-Bewegungen und politischen Rattenfängern ist zu befürchten, dass in der Bevölkerung rassistische Entwicklungen entstehen. Dies wird auf Dauer zur Folge haben, dass auf Dauer ein nicht mehr zu verkittender Bruch in der Gesellschaft entstehen wird und dass mit einem erheblichen Verlust von Lebensqualität und mit sozialen Auseinandersetzungen zu rechnen ist.

Es ist äußerst wichtig, bei einem Integrationskonzept auf Rahmenbedingungen von den verschiedenen Identitäten Rücksicht zu nehmen und sie über „eine Brücke" miteinander vereinbar zu machen. Dieser Prozess wird nicht ohne Auseinandersetzungen vollzogen werden können. Es darf jedoch nicht aus Angst davor diesen unbequemen Weg zu gehen, auf die Beschreitung dieses Weges verzichtet werden. Denn sollte man dies nicht möglichst kurzfristig beginnen, so werden die Ergebnisse der Auseinandersetzungen immer heftiger.

## 9.3.4 ERWARTUNGEN

Der Autor ist auch in diesem Bezug nicht besonders optimistisch. Denn angesichts der Entwicklungen von Anti-System-politischen Bewegungen in Deutschland und in Europa basiert die politische Zustimmung für eine gründliche Integration auf den Grundidentitäten und ist nur schwierig durchzusetzen. Dies darf jedoch auf keinen Fall der Grund dafür sein, dies nicht zu tun. Ein Grund für das Aufkommen dieser Anti-System-Bewegungen stellt die Angst der „Ureinwohner" Deutschlands und Europas da, den Verlust eines Teils ihrer Identität durch eine nicht kontrollierte Migration und die Integration von so genannten „Fremden" im Lande erfahren zu müssen Daher ist es notwendig, nicht den politischen Tendenzen nachzulaufen, sondern der Mitte der Gesellschaft

Entwicklungen aufzuzeigen, um die Grundidentität der Völker zu wahren. Eine weitere Aufgabe besteht darin, Verlierern der Globalisierung Wege aufzuzeigen, wie ihre Zukunft sich verbessern kann. Daher wird es notwendig sein, dass die politische Klasse endlich eine gründliche konzeptionelle, an dem Volk orientierte Politik durchführt.

## 10. EPILOG

Der Autor möchte mit diesem Buch aufzeigen, dass die Behandlung der Identität eines Volkes eine unabdingbare Voraussetzung für die Entwicklung der Gesellschaft ist. Nach 50 Jahren Aufenthalt in diesem Land hat der Autor sehr oft bemerkt, dass sogar geistige Eliten dieses Landes gewisse Unsicherheiten und Probleme an den Tag legen, wenn man über die deutsche Identität spricht.

Festzustellen ist, dass die deutsche Identität stets mehr ist, als die Reduktion auf die 12 Jahre Nazi-Zeit oder auf wilhelminische Zeiträume. Es darf nie vergessen werden, dass das 19. Jahrhundert (außer der Zeit Bismarcks) eine Epoche der geistigen Elite war. Es kann nicht hoch genug angerechnet werden, dass mit dem Hambacher Fest, den gescheiterten Revolutionen und dem Entstehen der Paulskirche ein Zeichen der Freiheit und des Geistes existierte. Es kann ebenfalls nicht hoch genug angerechnet werden, dass Philosophen wie Kant, Nietzsche, Leibnitz, Hegel und Marx Höhepunkte der deutschen Philosophie waren.

Es darf nicht vergessen werden, dass in der Nachkriegszeit in Deutschland Schulen wie die Kölner Schule der Soziologie einen Weltruf erlangten, der der deutschen Identität eine gewisse Reputation verlieh.

Musiker wie Beethoven, Brahms, Schumann, Schriftsteller wie Heine, Goethe, Schiller, Grass, Böll, Lessing, Lenz, Fontane, Kleist, Brecht, Wissenschaftler, wie Einstein, Hahn und andere bilden eine weitere Komponente der deutschen Identität. Das friedliche Zusammenkommen der beiden deutschen Staaten stellt ein weiteres alleinstehendes Merkmal der deutschen Identität da. Dies darf jedoch nicht den Holocaust verniedlichen. Das heißt, die deutsche Identität ist viel komplexer als man dies mit einer Schmalspur-Bewertung aufnehmen sollte. Die Identität spielt auch eine Rolle im Rahmen der Einwanderung. Denn Deutschland ist und bleibt auf überschaubare Zeit ein Einwanderungsland.

Daher dürfen identitäre Gesichtspunkte der Einwanderungs- und der Integrationspolitik, die als unabdingbare Voraussetzung zum sozialen Frieden gelten muss, nicht außer Acht gelassen werden. Im Hinblick auf die Einbettung Deutschlands im europäischen Verbund ist nach Ansicht des Autors trotz sehr oft gegenteiliger Meinung eine europäische Identität vorhanden.

Angesichts unseres gemeinsamen Kulturguts, gemeinsam erlebter europäischer Geschichte, unserer gemeinsamen Philosophen und Maler, unserem gemeinsamen Musikgut und unserer gemeinsamen Werte stellen diese diewichtigsten Elemente einer europäischen Identität dar, die möglicherweise verschieden in der Sprache ist, jedoch durch die Reste der Kultur verbunden.

# 11. QUELLENVERZEICHNIS

• Bohley, Peter: Identität. Wie sie entsteht und warum der Mensch sie braucht. Marburg 2016.

(ISBN: 978-3-8288-3690-7)

• Eickelpasch, Rolf, Rademacher, Claudia: Identität, in: Themen der Soziologie, 4. Auflage, Bielefeld 2013
(ISBN: 3-89942-242-2)

• Finkielkraut, Alain: Lìdentité malheureuse. Barcelona 2016.
(ISBN: 978-2-07-045870-7)

• Jaeggi, Eva: Wer bin ich? Frag doch die Anderen. Wie Identität entsteht und wie sie sich verändert. Bern 2014
(ISBN: 978-3-456-85311-6)

• Lachmann, Günther: Verfallssymptome. Wenn eine Gesellschaft ihren inneren Kompass verliert. Wien, Berlin, München 2014.
(ISBN: 978-3-944305-39-4)

- Lippmann, Eric: Identität im Zeitalter des Chamäleons. Flexibel sein und Farbe bekommen. 2. Auflage, Göttingen 2014 (ISBN: 978-3-525-40356-3)

- Schwan, Gesine: Aufstand der Zivilgesellschaft. In: Neue Gesellschaft Frankfurter Hefte. Bonn 2012. (ISBN: 978-3-8012-0422-8)

- Tibi, Bassam: Europa ohne Identität? Die Krise der multikulturellen Gesellschaft. München 1998. (ISBN: 3-570-00169-5)

- Vinke, Hermann und Kira: Zivilcourage 2.0. Vorkämpfer für eine gerechte Zukunft. Ravensburg 2015. (ISBN: 978-3-473-55348-8)

FSC
www.fsc.org
MIX
Papier | Fördert
gute Waldnutzung
FSC® C083411

Zeitfracht Medien GmbH
Ferdinand-Jühlke-Straße 7
99095 Erfurt, Deutschland
produktsicherheit@kolibri360.de